Meridiani, paralleli e pixel

La griglia come medium ricorrente

Fabrizio Bellomo

postmedia • books

Meridiani, paralleli e pixel
La griglia come medium ricorrente
di Fabrizio Bellomo

www.postmediabooks.it
isbn 9788874901869

Era considerato eccelso quel grande capitano
con eterna campana appiccicata in mano:
che portamento, che grazia, che naturalezza,
e che solennità! È sufficiente rimirarlo in viso
per comprenderne l'intima saggezza!

Aveva comperato una mappa del mare
dove nemmeno un frammento di terra
era dato a qualcuno rintracciare;
ma l'equipaggio fu lieto nell'apprendere
che era così più semplice da intendere

"A che diavolo servono i Poli di quel Mercatore,
e i tropici, e le zone e i Meridiani,
per non parlare dell'Equatore",
argomentava il capo a quei sottili ingegni,
e loro a lui: "Soltanto convenzioni, puri segni!"

"Tutte le altre mappe hanno forme un po' strane,
con quelle isole e quei promontori!
Per questo il capo li ha tagliati fuori"
osannava la ciurma. "Grazie al suo abile fiuto
Ci ha forniti di un nulla perfetto e assoluto!"

Lewis Carroll
da *La Caccia allo Snark, 1874-1876*

Prologo. *C'era una volta*

Sono nato in una città di mare e la mia bisnonna possedeva un telaio, uno di quei grandi telai manuali, piazzato al centro della sua casa di Longobucco, paesino della Sila calabrese noto, in tempi passati, per la qualità delle decorazioni tessili. Ho avuto la fortuna di conoscere e frequentare la mia bisnonna, e di giocare intorno a quel telaio, mentre le donne di casa, compresa mia madre, armeggiavano su quello che per me era un misterioso marchingegno.

Mio padre è un ingegnere meccanico appassionato di fotografia; credo gli siano sempre interessate e gli interessino tutt'ora più le tecniche e le tecnologie fotografiche che lo scatto in sé. Possedeva una macchina fotografica digitale già nel 1995.

Ho studiato pianoforte dai cinque ai dieci anni e ho avuto a che fare con quel maledetto metronomo fin da questa giovane età. Nello stesso periodo è nata la mia passione per la pesca.

Alcune fotografie dell'album di famiglia mi ritraggono a Greenwich, nelle sale del National Maritime Museum, davanti ai prototipi degli orologi meccanici di John Harrison – per l'esattezza, dinanzi al maestoso H1 – o alle prese con la simulazione dell'utilizzo di un antico sestante.

Nel mio passato più recente ci sono studi di fotografia e prima ancora (all'università) una laurea in disegno industriale nella patria della prospettiva: Firenze.

Per quanto il viaggio che sto per iniziare abbia la velleità di collocarsi all'interno di qualche collana di saggistica, esso prende spunto dalle mie vicende personali, dalla mia storia di uomo, di ragazzo, di adolescente e bambino. Nelle pagine successive citerò – fra i vari – un cartografo, il quale afferma che ogni mappa equivale a un grande romanzo. Allo stesso modo la penso sui saggi. Questo viaggio non ha le pretese di essere ponderato in ogni sua parte, anzi, vuole essere di proposito un percorso avventato fra delle personali teorie sul perché oggi le nostre fotografie sono composte da una miriade di quadratini colorati che chiamiamo pixel. Un viaggio fra parallelismi stimolati dall'intuizione visiva e sviluppati attraverso l'analisi storica.

Il Sole non è più padrone del tempo

L'evoluzione dell'intelletto umano e il suo approccio alla realtà sensibile si sono sempre espressi in attività e operazioni riconducibili al suddividere, allo scomporre, e quindi all'indicizzare. Nel mito di Dioniso, la divinità dell'eccesso e dello slancio irrazionale è uccisa dalle sue stesse seguaci e smembrata in sette parti, per essere poi ricomposta dal fratello Apollo, dio della misura e della ragione.

Divide et Impera, formula che sintetizzava l'abile costruzione politica impiegata dalla Roma repubblicana, per gestire le terre sottomesse attraverso la concessione di differenti statuti e regimi, e che viene riferita ancora oggi a problemi di progettazione informatica. Dividi il problema in problemi più piccoli, risolvi i singoli problemi, rimetti insieme le parti e fai in modo di non dimenticare nulla durante l'assemblaggio: così diceva e dice la prima regola sull'utilizzo dell'intelligenza di Cartesio. Per assecondare un'ancestrale volontà di classificazione e controllo, l'uomo ha sempre utilizzato la pratica della suddivisione: del territorio, dello spazio, dello scorrere del tempo, del fascio di luce.

Queste le prime parole di Marshall Mcluhan in *Understanding Media*: *In una cultura come la nostra abituata da tempo a frazionare e dividere ogni cosa al fine di controllarla [...]*[1].

Albrecht Dürer a proposito della griglia per disegnare:

1. McLuhan Marshall, *Gli strumenti del comunicare* [1964], Il Saggiatore, Milano 1967, p. 29

Se qualcuno desidera dipingere un gigante sulla parete di un'alta torre partendo da una piccola immagine, sarebbe scomodo e poco pratico incollare l'uno all'altro un numero di fogli sufficiente per avere una griglia adeguata. Perciò rinuncia a costruire una grande griglia di carta: taglia invece numerosi fogli aventi ognuno le stesse dimensioni che dovrebbero avere le maglie di questa grande griglia. Disegnali quindi uno dopo l'altro nel modo che ho indicato prima, tenendo conto dell'ordine; poi li assemblerai come un gioco di carte e, quando dovrai lavorare sul muro ti basterà copiarli uno dopo l'altro nell'ordine giusto senza esser costretto a ricalcare il gigante in un unico blocco[2].

Oppure Franco Vaccari in *Fotografia e inconscio tecnologico*:

Così, se da un lato la fotografia ha contribuito in modo determinante alla frammentazione del mondo, alla sua dissociazione, dall'altro ha fornito all'inclinazione classificatrice della mente umana una quantità sterminata di nuovi documenti, su cui esercitarsi, per ricreare una visione unitaria[3].

Si parla di *inclinazione classificatrice*: una vera e propria pulsione dell'intelletto umano, il principale strumento di affermazione sul mondo a disposizione della nostra specie. L'uomo scompone e classifica, da sempre; impiega la tecnica della tabulazione di dati all'interno di sistemi a voci incrociate: una moltitudine di tabelle dove inserire eventi, fenomeni, manifestazioni di ogni genere, così da assumere – o illudersi di assumere – un maggiore controllo sul circostante, in un procedimento sempre fondato su un codice, su una norma, che consentano la ricomposizione – successiva o immediata – di ciascun frammento separato dell'inarrestabile fluire della vita.

Ogni sistema funzionale di scissione della realtà – l'esempio più immediato è quello dell'alfabeto – ha senso perché sempre presuppone la chiave di ricombinazione su cui si fonda. Ogni

2. Dürer Albrecht, *Underweysung der Messung mit dem Zirkel und Richtscheiyt, in Linien, Ebenen, und ganzen Corporen, H. Formschneyder* [1525], Nüremberg 1538; Biblioteca Nazionale di Firenze

3. Vaccari Franco, *Fotografia e inconscio tecnologico* [1979], Einaudi, Torino 2011, p. 76

passaggio di scomposizione e ricomposizione ha offerto all'umanità un nuovo linguaggio, un linguaggio che a sua volta ha implicato trasformazioni del nostro circostante, nel nostro modo di osservarlo. Metodo e risultato, strumento e oggetto, sono obbligati a un rapporto dialettico: ogni volta che l'uomo tenta di misurare il mondo, attraverso qualche nuovo linguaggio, tecnica o tecnologia, il mondo gli si trasforma davanti, proprio a causa dei nuovi metodi impiegati per osservarlo. Il mondo si trasforma radicalmente e allo stesso tempo – in modo più sottile – si trasforma l'osservatore.

> *Le nuove invenzioni consentono al mondo in cui sono state realizzate di cambiare, anzi alla fine lo costringono a farlo. E il pianeta che questi media dovrebbero esplorare non è più lo stesso, per il semplicissimo motivo che questi media lo osservano*[4].

La fotografia è un metodo e un processo per scindere e ricombinare il visibile, lo spazio e il tempo. Allo stesso modo, la cinematografia – che deriva da questi e da altri processi di scomposizione, misurazione, addizione di frammenti precedentemente scomposti – è un linguaggio che ha avuto una forte influenza sul reale e sul nostro quotidiano. Come l'invenzione della cinematografia, così il calcolo della longitudine tramite l'orologeria meccanica – con i suoi effetti sulla cartografia – è stato il presupposto di un nuovo linguaggio, un nuovo ordine di significati, che si è imposto sul flusso del reale fino a modificarlo, o meglio fino a modificare le nostre percezioni sul circostante. Attraverso una serie infinita di operazioni di suddivisione (prima) e di addizione (poi), siamo giunti alla realtà contemporanea, fatta di immagini digitali composte da quadratini colorati, alla nostra quotidianità governata in modo predominante da dati e tabelle. La suddivisione dello spazio, la frammentazione del tempo, la scissione della luce e dei colori, le tavole matematiche che sono il fondamento per ciascuno di questi processi, e la comprensione derivata dalla misurazione di ogni frammento: tutto

4. Ritchin Fred, *Dopo la fotografia* [2009], Einaudi, Torino 2012, p. 42

questo rende la nostra specie quella che più di ogni altra è stata in grado di dominare la natura, o almeno si è illusa di farlo. Fino a fare di questa illusione – del nostro stesso linguaggio – la propria realtà.

Sappiamo che la suddivisione del globo in paralleli e meridiani, assieme alla scomposizione meccanica del tempo, hanno determinato l'evoluzione delle mappe terrestri: occorrevano navigazioni più precise e la cartografia odierna è il risultato di calcoli più precisi. La rappresentazione cartografica dello spazio terrestre costituisce un linguaggio che ha influito in modo imponente sulla concezione umana di realtà. Pensiamo all'errore di Cristoforo Colombo: il navigatore ha davanti a sé un continente ignoto e, dopo uno sguardo alle proprie carte, si convince di essere sbarcato nelle Indie. Sulla mappa quello che sarà il Nuovo Mondo non è segnato-segnalato-visibile. Non può avere collocazione né nome. Se non è visibile nella mappa, non può esserlo nella realtà. Sostiene Goethe: *L'occhio vede ciò che la mente conosce*. Così le mappe hanno influito per centinaia di anni su quello che i navigatori vedevano: se vedevano qualcosa di non segnato sulle proprie mappe, automaticamente (direi anche inconsciamente) riportavano questo dato sensibile alla propria esperienza di realtà, codificata attraverso la mappa: se quello che vedevano non era presente sulle mappe di conseguenza non esisteva, o veniva scambiato con qualche territorio già rappresentato. Il disegno della mappa, in quanto linguaggio, si imponeva sul reale; mappe che per centinaia e centinaia di anni non sono state altro che disegni elementari, senza ambizioni di codificazione esatta del territorio: semplici rappresentazioni per immagini di una porzione del mondo. Equivalenti ai disegni di un bambino che racconta le proprie vacanze al mare.

Già nel 200 a.C. Eratostene suddivise le sue mappe attraverso l'ausilio di paralleli e meridiani (a lui è attribuito anche il termine 'geografia'). Nonostante questa suddivisione, non era possibile

5. Strumento ottico per misurare l'altezza di un astro sull'orizzonte o la distanza angolare fra due punti della volta celeste

calcolare con esattezza la posizione di una nave in navigazione negli oceani poiché non era possibile riuscire a calcolare esattamente il punto di longitudine. Gli strumenti utilizzati per calcolare il punto longitudinale fino alla fine del XVIII secolo sono stati il sestante[5] e le tabelle relative alle mappe celesti: con tali approssimativi strumenti, anche se utilizzati al massimo delle loro potenzialità, una nave poteva trovarsi ovunque entro un'area di quasi mille chilometri quadrati. Per arrivare a un calcolo esatto (o quantomeno molto più preciso) si unirono e mescolarono due metodologie di frammentazione del flusso del reale: da una parte la già presente rappresentazione del globo terrestre, suddiviso in un reticolo formato dai meridiani e dai paralleli, dall'altro la – precisa – scomposizione meccanica del flusso del tempo.

Una storia che si evolve – per accennarla in alcuni suoi punti – dalla clessidra alla scoperta dell'isocronismo di Galileo, passando per il metronomo (un'applicazione del concetto scientifico dell'isocronismo) e per le tabelle cronologiche, fino ad arrivare alla nascita degli orologi meccanici. A metà del XVIII secolo, il maestro orologiaio John Harrison comprese che se fosse riuscito a costruire un orologio meccanico estremamente preciso con cui mantenere l'ora esatta – impostata sul porto di partenza – per tutto il periodo di navigazione di una nave transoceanica, sarebbe – in tal modo – riuscito a risolvere il problema della mancanza di precisione nel calcolo longitudinale. Harrison ebbe quest'intuizione in un'epoca scandita da orologi tutt'altro che precisi. Grazie all'orario dato del luogo di partenza portato con sé per mare, si sarebbe potuto ricavare un grado longitudinale preciso, attraverso un'operazione che prevedeva in primis – e durante la navigazione – l'osservazione del momento di mezzodì e, dopo, un calcolo effettuato utilizzando questi due dati: mezzodì in navigazione e orario preciso del porto di partenza. Capire attraverso l'osservazione quando fosse arrivato il momento del mezzodì era (ed è) un compito che si può svolgere a occhio nudo, attraverso l'osservazione della traiettoria solare, fino al calcolo del suo punto di apice giornaliero. Una volta osservato e compreso quando fosse il momento del mezzodì, sarebbe stato sufficiente, immediatamente dopo, guardare l'orario del luogo di partenza che ci si era portati con sé. Se fra l'orario indicato dall'orologio meccanico e il mezzodì solare, lo scarto fosse stato, ad esempio, di cinque ore, questo significava – conseguentemente – che ci si era spostati di cinque ore.

Ai tempi di Harrison era già stato assegnato un equivalente in gradi spaziali al tempo, cosicché sarebbe bastato tramutare il dato numerico relativo alla differenza di tempo – le cinque ore – in gradi spaziali, in modo da poter conoscere la longitudine esatta di una nave in mezzo all'oceano. Da questa maggiore precisione nella navigazione e nel calcolare la propria posizione nei mari e negli oceani, nacquero – per conseguenza diretta – cartografie più precise delle terre emerse.

Ovviamente le vicende non furono così lineari e questa che ho proposto è un'estrema semplificazione di quel percorso[6].

Dalla scoperta del calcolo longitudinale alla suddivisione del globo in fusi orari il passo sarebbe dovuto essere breve, leggendo questa particolare vicenda dal punto di vista attuale. Così non è stato.

Gli orari dei vari luoghi del mondo, per un altro secolo e mezzo circa, non furono coordinati gli uni con gli altri. Fino a quando una nuova tecnologia arrivò a porre il problema della standardizzazione dell'orario. Furono i viaggi veloci, i viaggi su ferrovia (ma anche la diffusione delle navi a vapore e l'aumento dei trasporti marittimi) a far emergere il problema della corrispondenza fra orario del luogo di partenza e orario del luogo di arrivo: lo stesso treno – secondo l'ora solare e cioè secondo la meridiana – poteva muoversi con due orari differenti, se letto dalla stazione di partenza o da quella di arrivo. I problemi di coordinamento nei trasporti veloci resero necessaria una standardizzazione.

6. Per approfondire: Sobel Dava, *Longitudine*, BUR Rizzoli, Milano 1999

A fine Ottocento con la nascita di un vero e proprio sistema ferroviario statunitense, si provvide alla prima divisione funzionale in fusi orari del territorio americano; di lì a poco il sistema venne adottato globalmente, e così il Globo venne suddiviso in ventiquattro fasce orarie. Se osserviamo una mappa dei fusi orari odierni ci rendiamo subito conto di come le linee di demarcazione dei vari fusi subiscano spesso brusche deviazioni. Deviazioni che sono sostanzialmente politiche, all'interno di una scomposizione in fasce orarie altrettanto politica. Come politica fu l'attribuzione del grado 0 al meridiano inglese: d'altronde, la corsa al calcolo della longitudine sembrava essere – ai tempi d'oro dell'economia mercantile – una sorta di ricerca della pietra filosofale: chi fosse riuscito nell'impresa sarebbe stato padrone di spazio e tempo del commercio. Ci riuscì un inglese.

Le deviazioni della mappatura, nelle linee dei fusi orari, spesso comprendono degli stati in cui la suddivisione standard, secondo i meridiani, non viene rispettata. È l'esempio della Cina o dell'India, che possiedono un orario unico per tutto il territorio, o della Russia coloniale che, nonostante le sue immense dimensioni, possedeva – alla nascita del proprio sistema ferroviario – un unico fuso orario impostato sull'ora di San Pietroburgo.

Quando il tempo era diviso secondo l'ora media locale (mezzodì/meridiana) vi erano tantissimi tempi diversi per ogni luogo, tanti tempi particolari per ogni città, il mezzogiorno segnato dalle meridiane di due paesini distanti solo pochi chilometri l'uno dall'altro sarebbe arrivato in tempi differenti, e vi erano quindi tanti orari differenti, particolari. Orari differenti per luoghi vicini, così come vi erano dialetti differenti per cittadine distanti solo pochi chilometri – e l'Italia conserva tutt'oggi, in buona parte, queste particolarità linguistiche. *Realtà particolari*, secondo l'espressione di Pasolini.

Con l'orologio meccanico, la ferrovia e la conseguente suddivisione del mondo in fusi orari, e quindi con l'arrivo dell'ora media – prima nazionale, poi ripartita per fusi – nasce qualcosa che si potrebbe definire come tempo standardizzato. Un totalitarismo o – meglio – dei totalitarismi del tempo.

L'orologio meccanico (così come l'assegnazione di un meridiano zero) – ma anche precedentemente i campanili delle chiese – sono dei medium di massa che hanno dettato un orario unico e meccanico per porzioni di territorio sempre più grandi. Così da imporsi sulle meridiane che segnavano un orario naturale, differente per ogni luogo. Così come la stampa abbinata alla lingua letteraria – l'italiano di Dante, Petrarca e Boccaccio – impose o provò a imporre una standardizzazione del linguaggio alle migliaia di dialetti locali italiani.

Nello Stretto di Bering vi sono due isole che per una particolarità della convenzione dei fusi orari, sono un esempio curioso da citare: le Isole Diomede. Una appartiene all'Alaska (fuso orario UTC-9) l'altra appartiene alla Russia (fuso orario UTC-12). Fra le due isole passa la linea immaginaria del cambiamento di data; le due isole distano fra loro solo tre chilometri e sono il punto più vicino fra Russia e Stati Uniti. Questa non è la loro unica peculiarità. Infatti, a causa della particolare differenza di fusi, i loro orari hanno 21 ore di differenza: quando sull'isola russa sono le 14:30, sull'isola americana sono le 17:30 del giorno precedente. Tutto ciò nonostante la vicinanza di soli tre chilometri: lì sotto, un sacco di pesci viaggiano nel tempo.

Un'altra significativa bizzarria, riguarda il caso del 30 dicembre 2011 nelle Isole Samoa. Alle Samoa questa data è stata cancellata di imperio: per motivi commerciali, e per unificare la data fra le isole con l'Australia, la Nuova Zelanda e la Cina, le Samoa hanno abrogato il 30 dicembre 2011, così da potersi allineare e coordinare temporalmente alle tre vicine potenze, traendone vantaggi di tipo commerciale.

Paradossalmente, proprio nelle eccezioni emerge con prepotenza l'efficacia dei codici all'interno delle nostre esistenze: codici che spesso diamo per scontati, come se fossero parti inscindibili del reale, e che effettivamente parte del reale sono diventati.

Titola così l'*Indianapolis Daily Sentinel* nel 1883, sulla nascita della prima scansione in fusi orari degli Stati Uniti d'America: "Il Sole non è più padrone del tempo".

Cartografia e TV

Cristoforo Colombo, dinanzi al Nuovo Mondo senza poter inserire questo luogo in alcuna cartografia esistente, crede di trovarsi davanti alle Indie. L'episodio ci dice qualcosa di importante rispetto alla potenza del linguaggio, capace di far incastonare un evento del tutto nuovo e rivoluzionario all'interno di un dato già codificato, anche se erroneo.

L'animale uomo ha nel linguaggio il principale strumento di intervento sull'ambiente circostante, sulla realtà; si tratta di uno strumento ambiguo, che diviene esso stesso realtà. Un fenomeno, una manifestazione, che non siano stati già codificati da un linguaggio, mettono l'uomo in crisi: *Se qualcosa è troppo traumatico, troppo violento, o addirittura troppo pieno di godimento, confonde le coordinate della nostra realtà e dobbiamo portarlo sul piano della finzione* (dal film *The Pervert's Guide To Cinema* di Slavoj Žižek, 2006, regia di Sophie Fiennes). La scoperta di un mondo nuovo è evento di portata immane – c'è troppo godimento, per usare le parole di Žižek. Così l'esperienza viene ricondotta al dato già esistente, alla casella già compilata, alla finzione – pur fallace – della codifica cartografica.

Facendo un ragionamento analogo e inverso allo stesso tempo, pensiamo alla famosa proiezione del film dei Lumiére, pensiamo al treno che arriva in stazione e alle reazioni del pubblico che scappa dalla sala. In questo caso, il linguaggio del mezzo cinematografico non è stato ancora codificato, e quindi non è ancora possibile decrittarne le forme: per l'inaudito potere di emulazione del movimento reale, fa scappare il pubblico; viene scambiato per realtà alla sua prima uscita pubblica. Le caratteristiche intrinseche di questo nuovo linguaggio hanno rappresentato l'evento traumatico: le coordinate di quei primi spettatori si sono confuse al punto da transitare – all'opposto – dalla finzione al dato reale.

Il cartografo Stefano Giuliani ha recentemente affermato in un'intervista[7] che una carta geografica è un romanzo e che il cartografo è un narratore. La narrazione costringe Colombo – divenuto solo personaggio di un romanzo già scritto – a incastrare nella cartografia preesistente un territorio che, in un secondo momento, diventerà nuovo tassello delle narrazioni cartografiche a venire, determinate da questo nuovo e imprevisto capitolo.

Franco Farinelli in *Geografia*:

> *Quel che in ogni caso riesce commovente è lo sforzo di Colombo, giunto davvero in vista della terra, per far coincidere quel che vede, e che Toscanelli non ha mai visto, con i tratti e i lineamenti dipinti sulla carta che porta con se, cui crede ciecamente. In altre parole: pur di rendere conforme la terra alla sua immagine cartografica, egli piglia a calci il mondo. [...] Questo accade perché la rappresentazione ha già preso il posto del mondo, lo spazio ha già ricompreso e assorbito tutti i luoghi, la carta fa già le veci di quel che raffigura fino ad anticipare la natura e le fattezze, e prefigurare addirittura l'esistenza*[8].

Guy Debord sullo spettacolo: *Non è un insieme di immagini ma un rapporto sociale tra persone, mediato dalle immagini*[9].

Debord parla di rapporti sociali mediati dalle immagini, Farinelli parla di rapporti dell'uomo con il territorio, mediati dalle immagini cartografiche. Entrambi ragionano sul modo in cui la rappresentazione ha condizionato il reale. Entrambi, nei loro libri *Geografia* (Farinelli) e *La società dello spettacolo* (Debord) parlano – anche se con accezioni diverse – di frammentazione, di scollamento.

7. Smargiassi Michele, *Non è un mappamondo, è un romanzo*, La Repubblica, Roma, 6 giugno 2016

8. Farinelli Franco, *Geografia. Un'introduzione ai modelli dell'uomo*, Einaudi, Torino 2003, pp. 18-19

9. Debord Guy, *La società dello spettacolo* [1967], Baldini Castoldi Dalai, Milano 2004, p.54

L'origine dello spettacolo è la perdita dell'unità del mondo, e l'espansione gigantesca dello spettacolo moderno esprime la totalità di questa perdita: l'astrazione di ogni lavoro particolare e l'astrazione generale della produzione d'insieme si traducono perfettamente nello spettacolo, il cui modo d'esser concreto è precisamente l'astrazione. Nello spettacolo, una parte del mondo si rappresenta davanti al mondo, e gli è superiore. Lo spettacolo non è che il linguaggio comune di questa separazione. Ciò che avvicina gli spettatori non è che un rapporto irreversibile al centro stesso che mantiene il loro isolamento. Lo spettacolo riunisce il separato, ma lo riunisce in quanto separato[10].

L'Albania di Enver Hoxha è stata, fra le nazioni socialiste del Novecento, una delle più chiuse al mondo circostante, isolata praticamente da tutti per una cinquantina d'anni. Le uniche "finestre" verso occidente per gli abitanti del paese erano rappresentate dalle radio e dalle televisioni straniere, in particolare radio e televisione italiane. Negli anni Sessanta la RAI trasmetteva in Albania il sogno del boom economico transadriatico: un sogno di spettacolo, musica, belle donne e canzonette, molto attraente per la popolazione albanese – che riusciva a captare le frequenze RAI data la vicinanza geografica – ma pericoloso per il regime di Hoxha. Una vera e propria infiltrazione del pensiero occidentale – e del suo sistema di valori – all'interno del rigido regime socialista del piccolo Stato balcanico.

Nelle città albanesi, i televisori erano rari; i pochi possessori degli apparecchi ospitavano nelle proprie abitazioni decine e decine di amici, vicini e parenti. Durante i programmi più seguiti, i salotti degli albanesi si trasformavano in piccoli cinema. La contromossa del regime fu in qualche modo geniale. Se negli anni Sessanta le TV in Albania erano pochissime, i cinema erano diffusi e ancora molto frequentati. Il regime scelse di contrapporre alla rappresentazione scanzonata dell'Italia televisiva, un'arma per certi versi inimmaginabile: le pellicole italiane impegnate e il cinema neorealista.

10. Debord Guy, *op. cit.*, p.62

Così ne scrive il giornalista albanese Ylli Polovina:

Ma negli anni Sessanta qualcosa cambiò proprio nella politica di acquisto di queste pellicole: con premeditazione furono acquistati film sul tema della mafia. Questo tipo di cinematografia, che in Italia aveva la funzione di sensibilizzare l'opinione pubblica sul male che aveva colpito la società, ancora orgogliosa del suo sviluppo economico, in Albania trasmetteva l'immagine di un popolo in piena decadenza e sconvolto dal crimine. Ora la RAI avrebbe potuto fare anche dei miracoli, ma gli spettatori che riempivano le sale cinematografiche erano di gran lunga più numerosi degli scarsi televisori[11].

Quella del regime di Hoxha sarà una vittoria effimera. Il vero nemico del regime – la diffusione degli apparecchi televisivi – non poteva essere contrastato a lungo, di lì a poco infatti le TV iniziarono a diffondersi capillarmente anche in Albania.

La rappresentazione è per l'uomo realtà, soprattutto se quello che è rappresentato non è mai stato visto prima. Allo stesso modo, non è davvero reale qualcosa che sia visto per la prima volta, ma non ancora tradotto in rappresentazione. Come Cristoforo Colombo che non ha mai visto prima le Americhe crede alla mappa, la popolazione albanese crede a qualsiasi cosa si faccia vedere loro sul paese occidentale più vicino; le rappresentazioni più contrastanti diventano verità, una dopo l'altra, annullandosi e sovrapponendosi.

Pasolini: *L'uomo si è accorto della realtà solo quando l'ha rappresentata*[12].

11. Polovina Ylli, *Rai & Albania. Una grande presenza nella storia di un popolo*, Rai-Eri, Roma 2002, pp. 33-34
12. Pasolini Pier Paolo, *Affabulazione*, in Nuovi Argomenti (n.XV), 1969

La griglia di Dürer è una famosa elaborazione tecnica concepita da Albrecht Dürer nel 1600 e ha come predecessori alcuni strumenti simili inventati da Leon Battista Alberti e da Leonardo:

Ecco un'altro metodo usato per i ritratti. Esso permette di rappresentare ogni corpo qualunque sia la grandezza desiderata, più grande o più piccola di quella reale. È più utile del vetro, perché consente maggior libertà.

Occorre un quadro con un reticolato di fili, neri e solidi: ogni maglia o quadrato avrà una larghezza di circa due cm. Poi, ci vuole un oculare ad obelisco, regolabile in altezza. Rappresenterà l'occhio O. Disponi il corpo (umano) che vuoi ritrarre abbastanza lontano: fagli assumere la posizione che credi. Retrocedi e metti il tuo occhio sull'oculare O per verificare se la posa ti piace ed è quella che desideri. Dopodiché colloca la griglia o il quadro tra il corpo e l'oculare nel modo seguente. Se vuoi utilizzare poche maglie del reticolato, avvicina il quadro al corpo e l'oculare nel modo seguente. Se vuoi utilizzare poche maglie del reticolato, avvicina il quadro al corpo quanto più possibile. Disegna in seguito un'altra griglia, grande o piccola sulla superficie (foglio di carta o tavola) destinata a ricevere l'immagine. Guarda il corpo ponendo il tuo occhio al di sopra dell'oculare e riporta nella griglia disegnata sulla carta ciò che vedi in ciascuna maglia della griglia verticale. Questa è la procedura corretta[13].

Dürer nel suo scritto a un certo punto spiega: *Disegna un'altra griglia [...] destinata a ricevere l'immagine*, e in questo semplice concetto c'è tanto della nostra tecnologia moderna, dell'attuale dinamica del trasferimento dati. Non a caso, lo strumento inventato da Dürer è oggi conservato presso il Laboratorio delle macchine matematiche del Dipartimento di Matematica di Reggio Emilia.

13. Dürer Albrecht, *Underweysung der Messung mit dem Zirkel und Richtscheiyt, in Linien, Ebenen, und ganzen Corporen, H. Formschneyder*, Op. cit.

Il sistema di frammentazione dell'immagine attraverso la griglia ha permesso un controllo sulle immagini inedito. Il potere di deformare l'immagine, di modificarla e manipolarla, di interpolarvi elementi che obbediscono a regole differenti. Attraverso l'applicazione di regole geometriche euclidee è stato possibile giungere a realizzare immagini anamorfiche, visualizzabili cioè solo da determinati punti di vista, e inserite all'interno di dipinti classici, realizzati secondo canoni prospettici convenzionali, dove la totalità della rappresentazione fosse visualizzabile da qualsiasi scorcio. La semplice frammentazione, scansione, dello spazio della rappresentazione, ha consentito un dominio sulla rappresentazione stessa, una facilità della manipolazione sulle immagini da parte dell'uomo altrimenti impossibile.

Allo stesso modo il reticolo di meridiani e paralleli ha aiutato il matematico, astrologo e cartografo fiammingo Gerardo Mercatore ad applicare il suo celebre sistema di proiezione cartografica, ovvero a manipolare e a inserire all'interno di una tavola bidimensionale l'immagine del mondo. Le deformazioni che ne sono derivate fanno ancora parte del nostro immaginario. Mercatore aveva denominato la sua mappa *Nova et Aucta Orbis Terrae Descriptio ad Usum (Nuova e aumentata descrizione della terra)*. Aumentata, con informazioni in più: lo stesso aggettivo che contraddistingue la realtà – appunto – aumentata, di cui tanto si sente parlare in questi anni.

Ogni volta che guardiamo fuori da una finestra munita di zanzariera stiamo guardando al mondo secondo il sistema di frammentazione di Dürer: le maglie sono molto più piccole e strette e ricordano i pixel, ma il sistema è grossomodo lo stesso. D'altronde le nostre immagini digitali sono composte da una griglia immensamente più evoluta, e suddivisa in parti più piccole rispetto a quella di Dürer: la possibilità di controllo e manipolazione che abbiamo su di esse deriva in gran parte da questa frammentazione infinitesimale. *Divide et Impera*.

Pensiamo alle possibilità di manipolazione sulle immagini a cui siamo giunti oggi e pensiamo all'influenza di questa manipolazione sul reale, per esempio sui canoni estetici del corpo umano. Cosa c'è dietro a ogni singolo scatto digitale? C'è un lavoro di frammentazione automatico, la scomposizione immediata di ogni singola vista. Le possibilità di manipolazione sono estreme perché la suddivisione è esasperata. Più dividiamo e più controlliamo. Dietro questa manipolazione e questo controllo incessante delle immagini, c'è sempre quella griglia di Dürer, più fitta e stretta: un tessuto molto più fitto, di identica matrice.

L'invenzione di Photoshop risale al 1990. Si tratta di un software professionale di manipolazione delle immagini digitali oggi conosciuto da chiunque: a esso si sono uniti tantissimi altri software per la manipolazione delle immagini e per il foto-ritocco.

Il foto-ringiovanimento della pelle, tramite la tecnologia a luce pulsata, è invece un trattamento estetico-chirurgico che consente di intervenire sull'aspetto del viso – diminuendo le rughe e facendo sparire piccole macchie. Si realizza con uno strumento simile a un rasoio elettrico, che in realtà colpisce la cute con impulsi luminosi simili a dei flash. Questo strumento sembra uno dei tanti *tools* di Photoshop. Per chi è pratico: il timbro/clone divenuto però fisico, reale. Vedere le immagini relative alle sedute di foto-ringiovanimento, vedere le mani dei medici al lavoro con questi strumenti, suggerisce una sorta di traslazione nel reale del timbro/clone di Photoshop.

Un programmino chiamato PortraitPro, scaricabile dall'omonimo sito, promette di migliorare qualsiasi ritratto in poco tempo; con sforzi e capacità tecniche minimi permette di eliminare dalle immagini dei vostri volti, rughe, macchie, opacità della pelle. Aprendo il sito di PotraitPro, ci si imbatte in una galleria di immagini dove si mostra il prima e il dopo trattamento virtuale. Allo stesso modo, visitando il sito web di un qualsiasi centro estetico che offre trattamenti di foto-ringiovanimento, troveremo delle gallerie di immagini simili, se non identiche, sempre relative al prima e al dopo: visi rugosi e macchiati prima del trattamento con luce pulsata, e una distensione delle rughe e la scomparsa delle macchie dopo il trattamento.

Lo strumento, il tool timbro/clone di Photoshop, sembra agire direttamente sulla carne dei nostri volti, come agisce sulle nostre immagini di pixel. Il foto-ringiovanimento, discendente dalla chirurgia laser, è databile al finire degli anni Novanta. Alla fine del decennio in cui è stato creato Photoshop.

Nel saggio *Dopo la fotografia*, Fred Ritchin:

> *Gli oltre duecento anni di ripetute alterazioni fotografiche sulla stampa hanno reso la manipolazione genetica più tangibile, immanente e forse persino inevitabile*[14].

Figuriamoci la, più semplice, manipolazione estetica.

Macelleria equina

L'uomo, come dimostrano importanti rappresentazioni di altri secoli giunte fino alla nostra epoca, ha sempre voluto frammentare il movimento umano e animale, per comprenderlo e studiarlo.

Alcune di queste rappresentazioni si sono soffermate – in secoli diversi – sulla figura del cavallo in corsa: Eadweard Muybridge e le sue tavole del cavallo (1878); i fregi del Partenone di Atene (specie quelli relativi ai cavalli in corsa) di circa 2500 anni fa; i dipinti murali dei cavalli in movimento presenti all'interno delle grotte francesi di Chauvet-Pont-d'Arc, risalenti a più di 30000 anni fa. D'altronde il cavallo è anche uno dei primi animali che l'uomo ha addomesticato, con lo scopo di utilizzarlo come mezzo di locomozione; frammentare la rappresentazione del movimento animale per addomesticarlo a strumento di locomozione.

14. Ritchin Fred, *Dopo la fotografia* [2009], Op. cit., p. 17

Per vent'anni, l'archeologo dell'Università di Tolosa-Le Mirail Marc Azéma e l'artista Florent Rivère, hanno portato avanti ricerche su questi dipinti murali, confluite in un articolo pubblicato sulla rivista *Antiquity* nel 2012, dove affermano che gli animali dipinti nelle famose grotte paleolitiche di Chauvet e La Baume Latrone siano in realtà raffigurati in movimento, come se fossero parti di piccoli cortometraggi[15]. Le immagini sembrerebbero fotogrammi in sequenza, che Marc Azéma e Florent Rivére hanno messo in ordine e raggruppato secondo le differenti tipologie di animali rappresentate, dedicando a ciascuna delle animazioni video in stop-motion.

Il risultato sono dei piccoli film d'animazione i cui disegni (i singoli 'fotogrammi' per usare un termine cinematografico) sono stati realizzati più di trentamila anni fa.

Non conoscevo questo studio quando, nel 2014 ho realizzato un'operazione simile con le tavole del Partenone. Il lavoro in questione – intitolato *'Prima di' Muybridge* – è uno studio su queste forme arcaiche di rappresentazioni in movimento. Un video in cui metto in sequenza come fossero fotogrammi, utilizzando un *frame-rate* simile a quello del primo cinema, alcune tavole del fregio del Partenone, in particolare quelle che raffigurano uomini a cavallo: il risultato è – anche qui – affine a un'animazione.

È ipotizzabile che nell'uomo, ancestrale, esista l'inclinazione a capire il movimento, a raffigurarlo e a fermarlo, come se questo significasse padroneggiare l'incontrollabile fluire della realtà stessa. Per dare spazio a questa pulsione, l'uomo ha sempre frammentato il movimento in singole rappresentazioni. Fino ai crono-fotografi: Muybridge, Marey e compagni che, grazie all'utilizzo del mezzo fotografico, erano ben più avvantaggiati dei loro predecessori nella comprensione e catalogazione di questi dati relativi ai singoli istanti del movimento di un corpo.

15. Marc Azéma, Florent Rivère, *Animation in Palaeolithic art: a pre-echo of cinema*, in Antiquity – Cambridge University Press, 2012

In particolare se studiamo la vita e le vicende che riguardano Ètienne-Jules Marey ci accorgiamo che il suo lavoro fotografico non è che una parte di un più ampio lavoro da cronografo e fisiologo:

> *Marey era un teorico e uno sperimentatore, ed era piuttosto esperto della tradizione della rappresentazione cronografica. Al contrario del suo noto contemporaneo Eadweard Muybridge, gli interessi di Marey andavano ben oltre la fotografia, che considerava un semplice strumento fra i tanti che componevano l'attrezzatura del cronografo già molto ricca e in constante espansione. Nell'ambito della fisiologia, un'area nella quale era particolarmente agguerrito, Marey indicava per esempio numerose recenti invenzioni cronografiche, alcune delle quali portavano nomi pittoreschi come sfimografo, emodromografo e miografo (i primi tre servivano a registrare graficamente l'attività cardiaca nel tempo, il quarto quella del sistema nervoso)*[16].

Ricordiamo il significato, secondo il dizionario Hoepli, della parola *Cronografia*: branca della cronologia che studia l'esposizione dei fatti storici e la loro sistematizzazione in tabelle.

Semplificando al massimo, possiamo dire che la storia della cronografia fa riferimento a un pugno di inventori e compilatori di tabelle, di griglie, in cui fosse possibile collocare dati asincroni, così da compararli e leggerli con maggiore facilità.

Nel IV secolo Eusebio aveva già sviluppato un'elaborata struttura tabellare dove incasellare, organizzare e conciliare le cronologie tratte da fonti storiche di ogni parte del mondo: è la *Cronaca di Eusebio*[17].

Sappiamo anche che Ètienne-Jules Marey per le sue ricerche si ispirò ai cronografi del settecento, avendo però come fine la meccanizzazione del processo che questi avevano iniziato in modo manuale[18].

16. Grafton Antony, Rosenberg Daniel, *Cartografie del Tempo* [2010], Einaudi, Torino 2012, pp. 209-210
17. Ivi, p. 7
18. Ivi, p. 213

Anche per la cinematografia si può parlare sotto molti aspetti di una meccanizzazione del flusso del reale: per meccanizzare un processo bisogna prima scomporlo in singole fasi; il periodo relativo alle ricerche foto-cronografiche ha di fatto attuato tale scomposizione. Rendendo così possibile la nascita della cinematografia attraverso la ricomposizione dei fotogrammi precedentemente catturati singolarmente.

Abbiamo visto come delle tabelle di dati cronologici ispirarono lo studioso Marey nella costruzione, ad esempio, del suo fucile fotografico: i colpi di questo speciale revolver possono essere interpretati infatti come una serie di caselle da compilare.

Esistono poi lavori fotografici di artisti contemporanei – molti di questi relativi alla posa – che possono essere a tutti gli effetti considerati delle cronografie. L'artista Adriano Altamira, nelle tavole fotografiche relative al suo lavoro più noto *Area di Coincidenza*, non fa altro che accostare una serie di immagini relative a determinate tipologie di pose della donna: una statua greca, una donna degli anni Sessanta, una degli anni Ottanta. Tutte le figure femminili messe in tavola da Altamira si mostrano con vistose similitudini nel tipo di posa adottata. La tavola risulta quindi essere una tabella cronografica, i cui dati sono rappresentati dalle immagini fotografiche e dove (confrontando in parallelo ciascun dato secondo il mezzo della tabella) si può riconoscere una conformità e una genealogia della posa, attraverso il passaggio del tempo e anche dei metodi di rappresentazione.

Una delle metodologie di attuazione della crono-fotografia prevedeva di disporre diverse macchine fotografiche una accanto all'altra in linea retta; si faceva quindi seguire il percorso – in parallelo agli apparecchi fotografici – al soggetto di cui si voleva catturare il moto: un cavallo, un uomo che scendeva le scale, una donna che ballava. Pensiamo in questo caso alle tavole di Muybridge (*Tavole a griglia di Muybridge*):

anche qui le macchine fotografiche, o ancor meglio i singoli fotogrammi, possono essere immaginati come caselle vuote che andranno compilate con dei dati, in questo caso le stesse fotografie.

Un'ossessione: comprendere come si muovono i corpi nello spazio attraverso la frammentazione del movimento in singoli passaggi; pensiamo alla scoperta del giusto modo di vedere un cavallo in corsa arrivata grazie alle tavole di Muybridge e precedentemente sempre rappresentato pittoricamente in modo errato. Il periodo storico relativo alle ricerche crono-fotografiche di Muybridge e compagni, come è noto, è oggi definito come pre-cinematografico: momento assolutamente propedeutico all'invenzione del cinematografo.

La tecnica, il modus operandi frammenta e ricomponi è alla base di un nuovo linguaggio, dunque. Vi è una scomposizione, una divisione, in questo caso dei movimenti di uomini e animali in singoli fotogrammi, cioè in informazioni da inserire in tabelle preordinate; in seconda battuta queste informazioni vengono riunite, messe in fila l'una dopo l'altra, e da questa summa di operazioni nasce ancora una volta un nuovo mezzo espressivo: la cinematografia.

Orologio meccanico – Industria meccanica – Fotografia

Non sempre, non necessariamente, il tempo è stato immaginato come una linea che va da sinistra verso destra: per diverse centinaia di anni, esso è stato immaginato, visualizzato e rappresentato attraverso le tabelle cronologiche e cronografiche, tabelle che hanno avuto le forme più svariate; pensiamo alla configurazione visiva di un albero genealogico, anch'esso tabella cronografica. Una visualizzazione molto comune dei dati cronologici, per diversi secoli è stata la visualizzazione in moduli a griglia.

Per molti lettori del Cinquecento e del primo Seicento il tempo assomigliava a una tabella, preferibilmente suddivisibile in caselle tramite assi orizzontali. Ciò si applicava al tempo di una singola vita umana come a quello di una grande epoca della Storia[19].

Abbiamo visto come e perché la scoperta e il perfezionamento tecnologico dell'orologio meccanico sia stato momento fondamentale per la definizione del concetto di spazio come lo conosciamo oggi, grazie all'evoluzione nella precisione del calcolo longitudinale, con le evoluzioni cartografiche che ne sono derivate.

In occidente i primi orologi meccanici nascono molto prima del perfezionamento di questo strumento: già verso l'inizio del 1300 si ha notizia dei primi orologi sui campanili nelle grandi città francesi e italiane, come Milano. Sappiamo, tuttavia, che solo verso il finire del 1700 si può dire di aver inventato un orologio talmente preciso da consentire di portare in navigazione, dall'altra parte dell'oceano, l'orario esatto del porto di partenza.

Cosa succede, in questi quattrocento anni? L'industria (che non era inizialmente tale) orologiaia, ovvero gli artigiani e i maestri orologiai ospitati e finanziati dalle più importanti corti europee, perfezionano sempre più i meccanismi presenti all'interno delle casse degli orologi. Sperimentano vari materiali, dal legno, ai rubini, a vari tipi di ferro e a differenti qualità di unguenti per calibrarne i movimenti dei meccanismi.

Carlo Maria Cipolla nel suo magico libro *Le macchine del tempo* scrive:

L'orologeria fu il primo settore manifatturiero a mettere in pratica le scoperte teoriche della fisica e della meccanica. D'altra parte l'orologeria contribuì a dettare il ritmo di sviluppo generale della meccanica applicata ed a esercitare un ruolo di primaria importanza nell'evoluzione degli strumenti scientifici. Come giustamente è stato scritto: "le più antiche realizzazioni della meccanica di precisione e i progressi fondamentali

19. Grafton Antony, Rosenberg Daniel, *Cartografie del Tempo*, Op. cit., p. 82

del suo sviluppo fino ai giorni nostri, vanno attribuiti all'orologeria. I costruttori di orologi idearono strumenti con cui poter praticare con precisione le operazioni più delicate del loro mestiere. Essi furono portati ad analizzare le proprietà dei tipi del rame e dell'acciaio impiegati nel loro lavoro, a studiare la dilatazione termica dei metalli, l'elasticità e la resistenza delle molle. Essi idearono e perfezionarono macchine per la fabbricazione di alcuni dei loro più semplici strumenti.

In tal modo, indipendentemente dalle invenzioni strettamente legate all'orologeria, gli orologi misero al servizio della meccanica un apparato di attrezzature destinato a venir perfezionamento di continuo e che doveva beneficiare, direttamente o indirettamente, tutti i costruttori di strumenti di precisione. Non fu un caso che il secolo che vide la comparsa dei primi orologi di precisione fosse anche quello che vide la nascita dell'industria degli strumenti scientifici di precisione in genere[20].

O ancora:

L'orologio fatto di pezzi intercambiabili di precisione, prodotto in serie e costruito da operai specializzati preannunciava l'avvento della rivoluzione industriale[21].

Le qualità di produzione degli ingranaggi e i calcoli relativi alla dimensione e alla distanza dei denti delle varie ruote dentate, subiscono in questi secoli un grande processo di studio e perfezionamento. La rivoluzione industriale inizierà secoli dopo la nascita del primo orologio meccanico; le fabbriche e i processi industriali si serviranno però degli stessi marchingegni presenti all'interno di ogni orologio meccanico, solo più grandi – gli ingranaggi composti dalle ruote dentate – marchingegni che si erano evoluti a livelli già altissimi, proprio grazie alla corsa per il calcolo longitudinale. L'industria moderna è figlia dell'orologio meccanico. Così come la fotografia meccanico-chimica è figlia dell'industria moderna. Qualche anno fa ho scritto:

20. Cipolla Carlo Maria, *Le macchine del tempo. L'orologio e la società 1300-1700* [1978], Il Mulino, Bologna 2001, pp. 30-31

21. Ivi, p. 29

"La fotografia è un elettrodomestico". Probabilmente la fotografia, la macchina fotografica lo è stata per davvero un elettrodomestico. Oggi però direi più che altro che la macchina fotografica è un robot o ancora meglio una macchina matematica; prendiamo la definizione che Claudio Piccini all'interno del volume *Opus incerta* dà della Computer Vision:

> *La Computer Vision (CV) viene usualmente tradotta in "Visione Artificiale", e definita come l'insieme delle tecniche che permettono ad un sistema artificiale (un robot) di interpretare la realtà visibile in modi analoghi a quelli realizzati dagli esseri umani e animali*[22].

Se analizziamo quest'affermazione, possiamo posizionare al suo interno anche la macchina fotografica (sia analogica che digitale); *l'insieme delle tecniche che permettono a un sistema artificiale di interpretare la realtà visibile in modi analoghi a quelli dell'uomo*. La macchina fotografica sarebbe il primo robot mai esistito. Il termine robot sappiamo che deriva dalla parola ceca "robota"[23], ovvero lavoro duro/lavoro forzato: la macchina fotografica vista come strumento parte dell'apparecchiatura del cronografo, non lavora forse per noi? Rende assolutamente più semplice e immediata la compilazione di alcune tipologie di dati. Pensiamo alle fotografie viste come dati, all'interno delle tavole sullo studio del movimento, da parte dei crono-fotografi. Immaginiamo di produrre questi disegni a mano: emergerebbe allora l'impossibilità di studiare al meglio la frammentazione del movimento senza l'aiuto del "robota" fotografico.

Inoltre se, come sappiamo, la meccanica è una scienza tesa a investigare le leggi relative all'equilibrio e al movimento dei corpi e delle forze, possiamo tranquillamente affermare che la crono-fotografia non è altro che meccanica: essa ha investigato letteralmente le leggi relative al movimento di alcuni corpi.

22. Piccini Claudio, *Opus Incerta*, Lampi di Stampa, Milano 2007, p. 16

23. Il termine robot deriva dalla parola ceca robota e dal relativo utilizzo drammaturgico di questa parola, declinata appunto in roboti, nel 1920 all'interno del dramma fantascientifico sugli automi di Karel Čapek: R.U.R. (Rossumovi univerzální roboti).

La macchina fotografica cos'altro è se non quel marchingegno che comprende dentro di sé la frammentazione dello spazio e del tempo? Inquadrando con i nostri obiettivi, frammentiamo una parte di spazio; decidendo per quanto tempo far entrare la luce in camera senza cambiare inquadratura, operiamo un'analoga frammentazione sul tempo. Le macchine fotografiche – come gli orologi – sono *macchine del tempo.*

In un certo senso, l'aumento nella precisione delle nostre mappe (in senso allargato comprendendo così anche le fotografie), va di pari passo con l'aumento della precisione nella frammentazione all'interno del calcolo del tempo e, più in generale, con l'aumento della precisione dei vari strumenti di misurazione del circostante a nostra disposizione. Allargando ancora, o con maggiore attenzione, il tutto va di pari passo con l'aumento di precisione delle nostre tavole/tabelle matematiche.

Se pensiamo alle prime fotografie realizzate, e in particolare ai ritratti realizzati con la fotografia in quest'epoca, riconosceremo una sorta di stile dettato dalla tecnica del periodo. I lunghi tempi di esposizione davano come risultato dei ritratti mossi o micro-mossi, con relativi contorni delle figure umane non perfettamente delineati. Man mano che i tempi di esposizione sono divenuti più veloci, i contorni delle nostre rappresentazioni fotografiche sono divenuti più incisi, più precisi.

Allo stesso modo gli orologi meccanici e marini di John Harrison erano orologi che facevano un errore secondo un rapporto in secondi per giorno, equivalente a poco meno di un secondo; l'orologio al cristallo di quarzo ha un rapporto di errore in secondi per giorno equivalente a 0,0001 secondi e l'orologio atomico al cesio un rapporto equivalente a 0,000001 secondi.

Il secondo, forma base nella scansione del tempo, ha subito un processo di ulteriore scomposizione nel corso della nostra recente storia culturale, e a ogni ulteriore possibilità di suddivisione è corrisposto un aumento di precisione del nostro potenziale controllo sul mondo circostante.

Pensiamo ora al cambiamento della fruizione temporale nei video: in un film impresso su pellicola, per arrivare a un determinato punto della narrazione dobbiamo fisicamente far scorrere la pellicola, più o meno velocemente, avanti o indietro, rispetto al punto da cui partiamo. Per fare quest'operazione ci vuole un periodo di tempo differente, se la distanza – in pellicola – fra il punto della narrazione in cui ci troviamo e il punto che vogliamo raggiungere è più o meno ampia. La distanza temporale della narrazione filmica coincide con una distanza fisica nella "linea" della pellicola. Con il VHS e con i supporti magnetici in genere la dinamica dell'operazione non è differente: si tratta sempre di nastro che si srotola e arrotola.

È con il DVD – Video, e con la relativa suddivisione in capitoli dei film, che abbiamo iniziato a vedere i primi salti temporali uniformi; in questo caso – DVD – sia se volessimo vedere l'ultimo capitolo di un film, sia se volessimo vedere il secondo capitolo dello stesso film – tenendo come punto di partenza l'inizio del video – impiegheremmo (bene o male) lo stesso tempo per passare a l'uno o all'altro punto, nonostante la distanza narrativa sia molto diversa (anche se nel DVD permane una distanza fisica, che il disco e la lentina debbono coprire, per far si che tali dati possano essere effettivamente letti).

Una cosa simile è successa quando siamo passati dai libri scritti sui rotoli, ai libri scritti sui codici – il formato odierno del libro veniva per l'appunto definito codice: per passare dall'inizio alla fine di un determinato scritto su di un rotolo ci avremmo messo più tempo che non a fare la stessa cosa su di un libro – codice – odierno. Su di esso – avendo come riferimento la prima pagina – per arrivare alla decima pagina o per arrivare all'ultima pagina impiegheremmo la stessa quantità di tempo; differente è il discorso per il rotolo: per srotolarne una piccola parte o per srotolarlo tutto, impiegheremmo un tempo decisamente differente. La frammentazione di uno scritto su un rotolo, divenuto libro (codice) così come lo conosciamo oggi, ci ha permesso un maggiore controllo di fruizione sullo stesso.

Ora pensiamo al digitale, alla barra che scandisce il tempo su YouTube, o su qualsiasi altro programma video; passiamo indistintamente dall'inizio di un film, a un punto che si trova a soli due secondi più avanti nella narrazione filmica, o dall'inizio ai titoli di coda del film in questione, impiegando la stessa identica quantità di tempo – anzi: spesso risulta più semplice cliccare sulla fine del film che non andare in un punto troppo vicino a quello in cui ci troviamo nella visione. Pensiamo anche alla rivoluzione che sta colpendo i nostri Hard Disk, ovvero il passaggio da HDD (hard disk tradizionale) a SSD – acronimo di solid state drive, ossia unità a stato solido, in poche parole un disco rigido senza parti in movimento. Sono di fatto le testine il limite fisico delle prestazioni di un hard disk: si devono pur muovere e, per quanto possano essere leggere e innovative, per passare da un punto all'altro dell'HDD ci mettono del tempo. Un hard disk tradizionale funziona più o meno come un lettore CD o DVD. Un solid state drive invece è un'apparecchio totalmente elettronico, senza alcun marchingegno meccanico al proprio interno. È di fatto questo il motivo principale per cui non vi è differenza di tempo percepibile nella lettura di due punti diversi di questa memoria.

Il processo di eliminazione della perdita di tempo nella lettura di dati differenti (ubicati fisicamente in luoghi diversi) continua la sua evoluzione.

Nel capitolo in cui si è parlato del rapporto fra immagini anamorfiche e chirurgia estetica, si è accennato come le centinaia di anni relativi alle alterazioni delle immagini hanno reso le manipolazioni estetiche – e genetiche – addirittura necessarie. Pensiamo a questa affermazione e rapportiamola alla nostra odierna relazione con il tempo all'interno dei video, a come questa relazione abbia visto gradualmente aumentare la nostra capacità di controllo: spesso vediamo video fruendoli in modalità non lineari, passiamo dall'inizio alla fine, alla metà, o a dove ci pare, in base all'impulso del momento; torniamo indietro e andiamo di nuovo avanti, controlliamo la visione come più ci aggrada.

I viaggi temporali diventeranno necessari. Anch'essi.

Il tessuto è il messaggio

Quante volte capita di pensare alle similitudini fra i mosaici e le immagini di pixel? Il sottoscritto lo ha fatto a più riprese senza capire, per molto tempo, la semplice e sostanziale differenza che esiste fra questi due metodi di rappresentazione. Prima di passare alla sfaccettatura che differenzia queste due tecniche, diciamo che una comunanza fra queste tipologie di rappresentazione esiste, e consiste in un utilizzo simile dell'archivio, del database di colori a disposizione per la composizione delle immagini in questione. Il mosaicista utilizza per le proprie creazioni dei gruppi differenti di tasselli colorati e in questo modo – pescando di volta in volta in una determinata gradazione di colore – applica un'operazione simile alla campionatura presente nel mondo delle immagini digitali. Tuttavia, oltre a questa seppur importante similitudine, altre analogie che possono venire alla mente sono strettamente superficiali e fuorvianti. La differenza sostanziale e profonda è che i mosaici non si basano su nessun tipo di coordinate cartesiane, sono degli agglomerati di tasselli. Più chiaramente: non possiedono alcuna griglia comune a più disegni. Infatti se provassimo ipoteticamente a colorare di bianco tutti i tasselli di due differenti mosaici, ci troveremmo sì davanti a due sistemi di linee incrociate, ma gli schemi sarebbero completamente diversi e unici per ogni singolo mosaico. Al contrario, se rendessimo visibili – e tutti bianchi – i pixel di due immagini digitali differenti ci ritroveremmo difronte alla stessa identica tipologia di griglia, e questo per tutte le immagini digitali che esistono.

Il mosaico antico conserva sempre un'unicità della trama, una trama differente per ogni disegno; l'immagine digitale possiede un'unica trama per tutte le immagini realizzabili attraverso tale tecnica.

Questa è la sostanziale e importante differenza, che rende le due tipologie di rappresentazione molto diverse fra loro, nonostante un'apparente e superficiale similitudine visiva. Al contrario, la fotografia analogica assomiglia – nelle basi della propria trama – al mosaico. Ad avvicinare queste due tecniche di rappresentazione vi sono le modalità mediante cui, nell'analogico, si forma l'immagine. Modalità senza griglie né coordinate di riferimento, e quindi simili alle strutture presenti nella formazione dei mosaici. Vi è già sicuramente una frammentazione dell'immagine in punti, ma questi punti (gli alogenuri d'argento) non sono disposti secondo alcuna tipologia di griglia; la stessa cosa succede per quanto riguarda i tasselli del mosaico. Metaforicamente: la fotografia analogica sta ai muretti a secco così come la fotografia digitale sta ai muri di mattoni industriali. Nella fotografia analogica non è ancora possibile applicare la regola delle coordinate, non è possibile individuare un punto e un colore matematicamente, e questo nemmeno nel mosaico. Solo la grafica bit-map, che è alla base della fotografia digitale, permetterà questa individuazione precisa del singolo punto di colore tramite coordinate.

Nel gergo comune, specie fra i fotoamatori, si sente spesso parlare di magia della fotografia analogica. Questo parlare di magia è probabilmente da associare alla matrice inesatta per anagrafe di tale tecnica. Sappiamo che la fotografia analogica è certamente manipolabile, e lo è sempre stata, ma con dei limiti, limiti che l'universo numerico ha su questa tecnica; numeri che invece sono alla base delle immagini digitali.

L'abilità umana nell'intessere, disponendo dei fili in posizione verticale (ordito) intrecciati da un filo in senso orizzontale (trama), e in secondo luogo quello di creare delle fantasie più o meno elaborate attraverso il cambio di colore del filo dell'ordito utilizzato, è alla base della nascita della fotografia digitale, o meglio della grafica bit-map.

La tessitura, e non il mosaico. L'intreccio dei fili presente nei tessuti ricorda subito e a occhio nudo una griglia; l'abilità di inserire questo o quel colore – punto per punto – ricorda anche – il comportamento di una stampante a getto di inchiostro. Nella struttura a griglia della tessitura esiste la potenzialità di ragionare per coordinate rispetto alla formazione di un'immagine bidimensionale, e questo già prima che il sistema di intessitura decorata per coordinate fosse stato formalizzato attraverso la meccanizzazione del telaio. Non è un caso, quindi, che le prime schede perforate fornite di ordini per strumenti meccanici si svilupparono proprio all'interno del mondo tessile, e proprio nell'ambito della decorazione del tessuto. Tali schede erano delle tabelle di dati a griglia, in cui le informazioni si limitavano alla presenza o meno di un foro, il che equivaleva ad alzare questo o quel filo, nell'ordito azionato meccanicamente.

Il sistema a schede perforate è considerato da molti come il primo sistema calcolatore, e per questo dualismo di comandi semplicissimo ricorda anche l'odierno linguaggio del codice binario.

Il contesto a griglia della tessitura rappresenta il vero momento propedeutico alla nascita della grafica bit-map – da cui la fotografia digitale. Peraltro, il termine "contesto" – dal dizionario Zanichelli di Italiano – significa, letteralmente, intessuto, intrecciato.

Da Wikipedia:

La nascita delle schede perforate precede di molto quella dei computer. Già nel 1725 Basile Bouchon usò rotoli di carta perforata su telai per regolare il motivo ornamentale da riprodurre su stoffa, e nel 1728 il suo collaboratore Jean-Baptiste Falcon migliorò il progetto utilizzando sequenze di schede, rendendo più semplice il cambiamento di programmazione della macchina. Il telaio Bouchon-Falcon era semi-automatico e richiedeva l'inserzione manuale del programma; nel 1801 Joseph Jacquard usò schede perforate metalliche per il controllo di un telaio di grande successo, maggiormente automatico, noto come telaio Jacquard.

Nel 1837 Charles Babbage, artefice dell'idea di una macchina calcolatrice programmabile adottò il sistema a schede perforate di Jacquard per il controllo della sequenza di calcoli nel progetto della sua macchina analitica. [...] La macchina analitica (Analytical engine) è stato il primo prototipo di un computer meccanico sviluppato per eseguire compiti generici.

Dunque il contesto della tessitura, della griglia formata dall'intreccio dei fili, o meglio e più semplicemente l'invenzione della tessitura (che si perde nella notte dei tempi) – per non utilizzare, secondo le indicazioni del dizionario, la tautologia *contesto della tessitura* – fu un momento propedeutico alla nascita dell'immagine frammentata secondo coordinate di riferimento per ogni singolo punto. Ma non solo, quindi l'immagine frammentata secondo coordinate di riferimento per ogni singolo punto (che esistite in tessitura già da prima di essere meccanizzata e compresa), è un momento chiave alla base dello sviluppo dell'informatica moderna. La frammentazione dell'immagine in campo tessile – o meglio la sua formalizzazione e meccanizzazione secondo coordinate cartesiane – dà il la a un processo di accelerazione rispetto alla nascita dell'informatica moderna e delle immagini raster.

Ada Lovelace sulla macchina analitica di Babbage: *La macchina analitica tesse figure algebriche come il telaio di Jacquard disegna foglie e fiori*[24]. E non viceversa. Potremmo addirittura affermare quindi che il mondo numerico digitale nasce dalle immagini numeriche. E... di nuovo, non viceversa.

I comandi, come piani di lavorazione di un'officina, devono poter essere memorizzati su qualche supporto, ma con un codice che sia interpretabile dalla macchina e, a questo fine, Babbage ricorre a un invenzione già molto diffusa: le schede di Jacquard. Joseph Maria Charles, detto Jacquard, era un tessitore e mercante francese che nel 1800 aveva inventato un telaio automatico, guidato da cartoncini perforati, per produrre velocemente ed economicamente tessuti disegnati. In un

24. Henin Silvio, *Il computer dimenticato. Charles Babbage, Ada Lovelace e la ricerca della macchina perfetta*, Hoepli, Milano 2015, p. 111

tessuto prodotto al telaio vi sono tanti fili paralleli (ordito) con cui si incrocia un filo continuo trasversale (trama); usando fili di diverso colore e alzando ogni volta fili diversi dell'ordito è possibile creare disegni sul tessuto. Fino all'Ottocento l'operazione era svolta manualmente da abili tessitori o tessitrici che riuscivano a riprodurre i motivi più complicati, ma molto lentamente, e il costo risultava elevato. Jacquard, basandosi su tentativi precedenti di altri inventori, pensò di affidare il compito di alzare i fili dell'ordito a un meccanismo guidato da cartoni perforati: dove c'era un foro nel cartone il filo si alzava, dove mancava il foro il filo restava al suo posto. In questo modo la perizia del tessitore diventava superflua, la velocità del telaio aumentava e il costo di produzione diminuiva. Babbage non poteva che essere entusiasta di un tale esempio di efficienza produttiva e, appena poté, acquistò a Lione un ritratto dell'inventore francese realizzato in seta grazie al suo telaio automatico. Si trattava di un'immagine ad alta risoluzione, per tesserlo erano occorse 24.000 schede, ciascuna con 1000 fori, in termini odierni un'immagine da 24 milioni di pixel. [...] Babbage decise quindi di adottare le schede perforate per comandare la sequenza di operazioni della macchina analitica[25].

Alcune delle prime decorazioni intessute di cui abbiamo notizia sono state realizzate con motivi a scacchiera o a bande verticali: *[...] due sembrano le tipologie decorative rappresentate: motivi a scacchiera e bande verticali [...]*[26].

Sembrerebbe facile intuire che proprio il modo in cui la tessitura si forma diede vita alle prime decorazioni tessili; la scacchiera è presente in tessitura anche quando non viene enfatizzata dalla decorazione, la decorazione a scacchiera parrebbe una sorta di ricalco della matrice (dell'intreccio di fili) in cui si va a effettuare la decorazione, come quando scarabocchiando su di un foglio a quadretti giochiamo a colorare alcuni quadretti e a lasciarne bianchi altri, al fine inconscio – indotto dal contesto – di creare una scacchiera. Ricordiamo che i coniugi Albers (influenti esponenti della Bauhaus) sono stati dei

25. Ivi, p. 98

26. Costantini M. C. e Silvestri I. (a cura di), *Il Filo della Storia. Tessuti antichi in Emilia Romagna*, CLUEB, Bologna 2005, p. 22

grandi collezionisti di manufatti intessuti precolombiani, collezionati durante il loro periodo sudamericano: queste decorazioni intessute – come sappiamo da altri studi – hanno dato loro diversi spunti per le fantasie geometriche che realizzarono nelle loro opere[27].

Anche Dürer parla di maglie, quando spiega il suo strumento a griglie per disegnare, ed effettivamente tale strumento è composto da un largo tessuto: la sua macchina è composta principalmente da un tessuto di fili lasciati volutamente larghi e distanziati; viene inevitabilmente in mente Cartesio, nella sua decima regola per la guida dell'intelligenza:

Affinché divenga perspicace, la mente deve esercitarsi nella ricerca delle medesime cose, che già furono ritrovate da altri, e metodicamente passare in rassegna anche le meno importanti forme di attività degli uomini, ma soprattutto quelle che effettuano o suppongono un ordine[28].

E in cui ad un certo punto cita proprio la tessitura:

Prima si debbono approfondire le cognizioni meno importanti e più semplici, e soprattutto quelle nelle quali maggiormente regna l'ordine, come quelle degli artigiani che tessono tele e tappeti, oppure delle donne che ricamano o intrecciano fili con infiniti modi di varia contestura[29].

Ed è singolare che sia proprio il padre delle coordinate a lui intitolate a fare tale esempio, sul come prima si debbano approfondire le cose semplici: prima si deve approfondire la tessitura e l'intreccio dei fili. Viene il dubbio, sensato a questo punto, che sia stato proprio il tessuto ad aver ispirato Cartesio nella formulazione del sistema di coordinate che portano il suo nome.

27. *A Beautiful Coincidence*, MuDeC, Milano 2015

28.Cartesio, *Opere filosofiche 1* [Regulae ad directionem ingenii 1627-1630], Laterza, Bari 2009 (1986), p. 47

29.Ivi, p. 47-48

L'autoritratto realizzato da Jacquard altro non è che una sorta di arazzo, eseguito tramite tecniche meccanizzate; una decorazione tessile Jacquard, appunto. Per questa perfetta sincronia meccanica e per le dimensioni tanto ridotte di ogni singolo punto di intreccio dei fili colorati che compongono l'immagine, realizzata in sottilissimi fili di seta, potremmo considerare questa decorazione come la prima fotografia digitale della storia. Non essendoci però in questo caso alcun processo fisico ottico di acquisizione del dato reale, meglio parlare di prima immagine bit-map. Immagine realizzata peraltro nel paese, la Francia, in cui solo una decina di anni prima era stata realizzata la prima fotografia analogica.

L'artista contemporaneo Faig Ahmed, sembrerebbe prendere spunto da queste vicende, per la produzione della sua serie di opere, in cui fa realizzare a mano e nel suo paese d'origine (l'Azerbaijan) decine di tappeti intessuti con decorazioni che, partendo dalle classiche fantasie secolari della sua terra, man mano che vengono formate mediante l'intreccio dei fili, diventano via via delle fotografie digitali danneggiate di queste stesse decorazioni.

Nei prodotti finali vediamo quindi un mix fra zone del tappeto realizzate con fantasie classiche, e zone del tappeto che risultano dei *glitch* di queste stesse decorazioni. Il tutto intrecciato a mano da abili artigiani secondo tradizioni secolari.

Mondo tessile e mondo digitale, visivamente intrecciati. Nel 2007 il designer Richard Hutten ha realizzato tappeti simili a quelli precedentemente citati; sul sito web del designer, nella descrizione di questi lavori, è possibile leggere quest'affermazione: *2000 years of cultural evolution are combined in one piece*.

Potremmo addirittura avventurarci nell'affermare che la fotografia digitale sia nata dieci anni dopo dalla nascita della fotografia analogica. La storia dell'odierna fotografia numerica possiede due inizi: uno, la cui prima immagine è datata 1826/7, firmata Niepce; l'altro, con una immagine datata 1840, firmata da Jacquard. La prima accomunabile all'odierna fotografia analogica, l'altra precede la grafica bit-map, matrice di tutte le nostre immagini digitali.

Queste due metodologie di rappresentazione, la fotografia analogica e il ritratto intessuto di Jacquard, avranno percorsi distinti ma paralleli, cresceranno e matureranno le loro potenzialità fino a quando – inevitabilmente – andranno a intrecciare le proprie diverse peculiarità, determinando la nascita della fotografia digitale come la conosciamo oggi.

L'intreccio delle informazioni sta alla conoscenza così come l'intreccio dei fili sta al tessuto.

Io neanche lo vedo più il codice

Negli ultimi anni ho collezionato una serie di prove colore di stampanti digitali. Ogni qual volta mi trovavo in un centro stampa, ero attratto e affascinato da questi pezzi di carta colorata, questi mi ricordavano l'astrattismo geometrico e i lavori della Bauhaus. Queste prove colore erano divenute una piccola ossessione, come se fossi stato catapultato all'interno del film dei Wachowski *Matrix* (1999) e questi pezzi di carta fossero gli indizi di un qualcos'altro. Possiedo un discreto archivio di queste prove, e in più occasioni – visualizzandole nel loro insieme – avevo l'impressione di scorgerne una collezione di opere astratte. Nel 2015 ho realizzato una mostra in cui ho affiancato a questi test di colore – incorniciati per l'occasione – una serie di opere originali di artisti Bauhaus, messe a disposizione dalle collezioni proprietarie.

Il motivo principale di questa fascinazione risiede probabilmente nella consapevolezza, gradualmente assunta, di come l'astrattismo si sia sviluppato in parallelo e di pari passo con l'emergere e l'avanzare dell'industrializzazione, delle macchine, e poi della digitalizzazione.

La fotografia [...] verrà percepita come agente di una riconversione astratta dell'oggettività fenomenica[30].

La macchina fotografica è una di queste macchine e possiede un ruolo importante nella scomposizione numerica della percezione di quello che ci circonda. Marshall McLuhan:

William Henry Fox Talbot [...] si rendeva conto che la fotografia era una forma di automazione capace di eliminare i procedimenti sintattici della penna e della matita. Ma era probabilmente meno consapevole di aver conformato il mondo pittorico ai nuovi procedimenti industriali[31] *[...] Nel dagherrotipo esisteva la stessa disposizione a puntini piccolissimi che venne poi echeggiata nel pointillisme di Seurat*[32].

In Francia impressionisti-divisionisti, in Italia i macchiaioli, i "pittori della macchia", macchia che – se analizzata secondo un metodo simile a quello utilizzato da McLuhan per comparare la pittura di Seurat alla pasta/trama del dagherrotipo – potrebbe assomigliare a una parte della trama, quindi della grana, presente all'interno di una pellicola. Immaginiamo una pellicola, ora immaginiamone una porzione vista al microscopio: vedremmo facilmente le macchie. E, nel caso l'immaginazione non aiutasse, sarebbe sufficiente dare uno sguardo a *Films*, libro del fotografo Paul Graham, in cui l'autore colleziona le differenti paste/trame delle varie pellicole. L'opera è fondata sull'archiviazione di una serie di ingrandimenti di differenti supporti a impressione. Paul Graham fa un omaggio estetico a queste matrici che hanno accompagnato la storia visiva del Novecento. Questi ingrandimenti fanno emergere la 'pasta' di cui è composta ogni singola pellicola, le macchioline della grana, macchia archetipo della pittura dei pittori fiorentini. In Francia la prima mostra degli impressionisti si tiene nello studio di un fotografo: Nadar; a Firenze i fotografi Fratelli Alinari sono molto vicini ai macchiaioli.

30.Balloni Silvio, *Teoria della visione a fondamento delle ricerche unificate di pittura e fotografia nell'Italia dei macchiaioli*, in *I macchiaioli e la fotografia*, Alinari, Firenze 2008, p. 24

31.McLuhan Marshall, *Gli strumenti del comunicare* [1964], Op. cit., p. 179

32.Ivi, p. 180

Altro periodo interessante nel discorso sulla scomposizione della rappresentazione è il – già citato – momento storico relativo alla Bauhaus, periodo e luoghi in cui l'industrializzazione andava consolidandosi e in cui le arti iniziavano a entrare nel processo industriale, e periodo in cui in modo evidente si palesavano alcune future affermazioni di McLuhan, in cui appunto il mondo pittorico dimostrava visivamente il suo essersi conformato ai procedimenti tecnico-industriali. Torno qui alle prove colore collezionate e quindi a quella fessura di inizio capitolo. I primi e più forti riferimenti visivi accostati alle prove colore, sono state proprio le opere di artisti come Johannes Itten e Josef Albers. Mettendo in relazione le opere di questi autori con le prove colore odierne, ad esempio comparando una striscia di prova colore sui contrasti di freddo con il quadro *L'Inverno* (parte delle stagioni) di Johannes Itten ci si rende subito conto di una estrema somiglianza. E mettendo queste due ultime immagini in relazione a un acquerello 'cubista' sempre dello stesso Itten, *Dorf im winter*, raffigurante la sua città natale, ne viene fuori una genealogia dell'astrazione/geometrizzazione del reale ancora più chiara.

Le macchine e l'industria iniziavano a dichiarare, in quel tempo e in quel luogo, la propria assoluta supremazia e la stessa Bauhaus è affermazione di questo. L'approccio alla pittura da parte di Itten diventava sempre più un 'approccio da macchina', e per questo finisce con l'assomigliare alle odierne prove colore. Va aggiunto che Itten è noto proprio per i suoi studi sul colore e per gli studi e le tavole sui contrasti e sulle relazioni e i rapporti fra i vari colori. Studi e tavole di cui le odierne prove colore non sono altro che discendenti.

> *L'arte di ricerca non può che essere omologa alle più rispondenti teorie filosofiche elaborate nel periodo, le quali a loro volta non possono che rispondere da vicino ai procedimenti tecnico-scientifici dominanti in quella certa epoca*[33].

33. Barilli Renato, *Bergson. Il filosofo del software*, Raffaello Cortina, Milano 2005

Se pensassimo a quest'affermazione di Barilli non solo in relazione ai precedenti discorsi su Itten e compagni, ma anche in relazione alla contemporaneità?

Pensiamo al Big Data o all'apprendimento automatico dei computer: i cervelli elettronici hanno da qualche tempo iniziato, per così dire, a fare da soli e parallelamente in molte opere di artisti contemporanei si tende da tempo – e sempre di più – a escludere il ruolo dell'autore. Diciamo pure che diversi autori tendono (in modo illusorio o meno) a omettere la propria soggettività. Lasciando fare tutto al mezzo – facendo emergere, enfatizzandolo, il modus operandi delle macchine/macchinari impiegati. Così da evidenziare una sorta di grado zero del linguaggio di queste tecnologie (Franco Vaccari parlava di *inconscio tecnologico*). Con l'archiviazione delle prove colore credo di essere andato in questa direzione.

Mario Costa in *La disumanizzazione tecnologica*:

> *Da trent'anni propongo un'interpretazione dell'avanguardia [...] che la considera come un presentimento e un'anticipazione dei nuovi media; solo che questo non significa che esiste una continuità tra vecchi e nuovi media, ma che con l'avanguardia i vecchi media, se utilizzati da ricercatori estetici e non da artisti, cominciano a non essere più tali: le avanguardie, insomma, non sono un'eccezione dei vecchi media ma un loro oltrepassamento e valgono come una rottura radicale nella storia. Nessuna continuità dunque, tra "vecchi" e "nuovi" media, semplicemente perché le avanguardie [...] non hanno più nulla a che fare con i "vecchi" media; esse non sono altro che il momento nel quale i media "vecchi" rinnegano se stessi e cominciano a lavorare per i "nuovi"; i media dell'avanguardia sono in qualche modo già "nuovi" e attestano la loro volontà di rottura con i "vecchi"*[34].

Dell'affermazione di Mario Costa (che comunque nel suo scritto non si riferisce all'astrattismo in particolare) è interessante il discorso del *cominciare a lavorare per i nuovi media*, interpretato come una visione

34.Costa Mario, *La disumanizzazione tecnologica*, Costa e Nolan, Genova 2007, p. 94

analitica e di comprensione, da parte delle avanguardie, rispetto a quello che sta succedendo loro attorno, seppure in un'ottica di continuità e passaggi generazionali, una parte del discorso di Costa appaia eccessivamente traumatico, riferendosi a una *rottura radicale nella storia da parte delle avanguardie*.

Germania, dagli anni Venti del secolo scorso in poi, imponente processo di industrializzazione: Itten e compagni probabilmente percepivano quello che sarebbe stato di lì in poi del mondo e della suddivisione in schemi dettata (accelerata) dall'industrializzazione; oltretutto, le prove colore che oggi si fanno prima di effettuare qualsiasi tipo di stampa digitale sono figlie e naturali evoluzioni delle ricerche di Johannes Itten, che a sua volta però aveva ripreso ricerche precedenti, com'erano quelle di Johann Wolfgang Goethe, o di Philipp Otto Runge.

Generalmente, le intuizioni avanguardiste sono state comprese dalla società solo in tempi molto lunghi, e alle volte talune debbono ancora essere pienamente comprese. Con la mia collezione di prove colore voglio comprendere qualcosa di passato. È un gesto che dal presente si rivolge al passato, per cercare di capire meglio dei passaggi che non abbiamo ancora assimilato e digerito (o almeno per quel che mi riguarda è così); come parte di un tassello dove cercare le radici di questa schematizzazione del mondo sempre quotidianamente presente e sempre data per scontata come se nulla fosse.

In un testo di Benjamin H.D. Buchloh parte del libro relativo alla mostra di Gerhard Richter realizzata presso la Serpentine Gallery di Londra nel 2008, mostra dal titolo *4900 colours*:

> *[...] è impossibile parlare di colore nel ventesimo secolo senza affrontare contemporaneamente una serie di altri parametri [...]*[35]

35.Buchloh Benjamin H. D., *The Diagram and the Colour Chip: Gerard Richter's 4900 Colours*, in *Gerhard Richter 4900 Colours*, Serpentine Gallery, Hatje Cantz, Ostfildern 2008, p. 62

Oggi non è praticamente possibile parlare di nulla senza parlare di numeri; crediamo (spesso, se non sempre) che i numeri ci possano aiutare a comprendere, e d'altronde la maggior parte di noi per non perdere la ragione a qualcosa deve pur credere, ma mi piace citare in contrapposizione al testo reperito, relativo alle opere di Gerhard Richter, queste affermazioni di Arthur Schopenhauer:

E ora si consolano producendo calcoli esatti della immaginaria lunghezza delle immaginarie vibrazioni di un immaginario etere: basta che abbiano dei numeri e sono contenti, e così si dilettano a calcolare le lunghezze di vibrazione in milionesimi di millimetro; (in tutta questa faccenda l'unica cosa divertente è che essi attribuiscano le vibrazioni più rapide al più oscuro e inefficace di tutti i colori, il violetto, le più lente invece al rosso, che impressiona così vivacemente il nostro occhio ed eccita perfino gli animali. Ma come già si è detto, i colori sono per loro soltanto dei nomi; non li guardano e invece si mettono a calcolare, essendo questo l'elemento in cui si ritrovano a loro agio)[36].

Arthur Schopenhauer fa emergere il lato emozionale del discorso sul colore, quel sussulto che ci può prendere davanti a un rosso. A volerla dire tutta, qui Schopenhauer tiene a sottolineare attraverso una raffinata metafora il lato emozionale dell'esistenza. La pancia.

In molte teorie del colore che si sono susseguite o avvicendate i numeri hanno sempre avuto una valenza fondamentale, le frazioni sono usate – per parlare all'interno di tali teorie – di questo o quel colore, la somma di tali frazioni ci da questo o quell'altro colore... E così via. Abbiamo codificato l'immagine e il colore (così come la nostra intera esistenza) in un qualcosa che fosse divisibile e moltiplicabile; un'immagine modificabile, costruibile e trasferibile attraverso il modulare. Le nostre immagini oggi sono composte da griglie formate da più o meno quadrati, delle dimensioni più differenti. Leggiamo quest'insieme di quadratini come immagini continue, anche se si

36. Schopenhauer Arthur, *La vista e i colori: carteggio con Goethe* [1816], Abscondita, Milano 2002, pp. 107-108

tratta di caselle appartenenti a una griglia, ciascuna delle quali ha assegnato un numero corrispondente a un colore e viceversa. Il numero alla singola gradazione cromatica è assegnato attraverso una paletta di colori (e anche questa è ovviamente codificata e quindi accettata); le nostre immagini sono così codificate da poter essere facilmente condivise.

L'insieme delle gradazioni cromatiche è oggi – spesso – rappresentato attraverso l'utilizzo di cubi spaziali in tre dimensioni: delle forme geometriche vengono denominate spazi colore; questo succede per molte delle tipologie di codifica del colore che utilizziamo nei nostri software; ogni sfumatura di colore è inserita all'interno di uno spazio virtuale tridimensionale, dove vigono le regole delle coordinate: per ogni specifica gradazione di colore esiste un solo punto nello spazio che la rappresenta, ne derivano delle vere e e proprie enciclopedie cromatiche, appunto le palette colore (Pantone, Focoltone).

Allo stesso modo, se osserviamo una delle tabelle grafiche di Philipp Otto Runge (1777-1810), relativa allo studio del colore, osserveremo una sfera che sembra essere suddivisa secondo il reticolo del globo terrestre formato da meridiani e paralleli; qui però l'interno del reticolo è gradualmente e differentemente colorato, così da risultare una schematizzazione delle varie gradazioni cromatiche secondo tale modello di riferimento, che in questo caso assomiglia al reticolo del globo.

Oggi lo spazio dove vengono rappresentati e organizzati i colori per coordinate è uno spazio virtuale estremamente simile, se non identico, allo spazio tridimensionale dei render digitali. In tempi passati i colori sono stati organizzati e rappresentati – come nell'esempio di Runge – in uno schema (fra i vari) ricalcato sul reticolo di meridiani e paralleli del globo terrestre. Interessante come le modalità di rappresentazione delle gradazioni cromatiche in uno spazio sia – nei due esempi citati – cambiato in relazione alla nostra rappresentazione/costruzione dello spazio circostante (o virtuale).

László Moholy-Nagy è autore e artista che, con la propria sensibilità, aveva intuito le derive future dei processi di frammentazione e condivisione; con l'opera – strettamente performativa (nel senso che due uomini si comportano nel modo più vicino al comportamento di due macchine) – *Emaille* (o *Enamel*), già nel 1922 analizza le potenzialità della scomposizione, anticipando così alcuni modus operandi della nostra odierna epoca digitale. In questa operazione, l'autore non fa altro che ordinare presso una fabbrica di porcellana una serie di cartelli in smalto porcellanato; decide e indica da casa le decorazioni da fare su questi cartelli, riesce a fare ciò attraverso la carta millimetrata che possedevano sia lui e sia il suo interlocutore, addetto di fabbrica, all'altro capo del telefono. Così Moholy-Nagy, fornendo al suo interlocutore le informazioni, le coordinate (i punti esatti nell'impianto modulare e i colori esatti codificati tramite palette) dei suoi disegni effettuati su carta millimetrata (l'interlocutore era munito di carta millimetrata della medesima tipologia). Attraverso una sorta di 'battaglia navale delle sue scelte decorative' ha potuto vedere perfettamente realizzate le sue richieste. Il tutto via telefono senza alcun contatto umano diretto.

È sostanzialmente una società delle codifiche, la nostra. Questa codifica fino a dove può arrivare, quali sono le evoluzioni che può ancora subire? Se oggi per parlare di colori bisogna parlare di numeri, e se a ogni colore parte della griglia di pixel corrisponde un numero di codifica, è allora plausibile pensare che in un futuro non troppo lontano potremmo codificare direttamente un insieme di numeri in un'immagine. Sarebbe plausibile pensare a un ulteriore passaggio del nostro livello di codifica automatica, livello in cui, all'interno di questa griglia di pixel, al posto dei colori ci sarà il relativo corrispettivo numerico? Sarebbe possibile e plausibile, nel medio periodo, che il nostro cervello si rivelasse in grado di riportare quest'insieme di numeri a un livello di immagine simbolica, codificando tutto in modo automatico?

Nel film *Matrix* di Lana e Andy Wachowski, il protagonista interpretato da Keanu Reeves in una scena del film pone questa domanda a un tecnico del codice Matrix, rivolgendosi verso gli schermi invasi di numeri e lettere verdi su sfondo nero: "Li osservi sempre codificati?". La risposta del tecnico: "[...] io neanche lo vedo più il codice, vedo solo belle biondine, brunette, cosce lunghe [...]". Il tecnico di *Matrix*, nella narrazione del film, è abituato a decodificare in automatico la matrice, Keanu Reeves ancora no. Questo perché il tecnico passa molto più tempo di lui davanti alla matrice, al codice. E se pensiamo ai programmatori, a coloro che passano più tempo davanti a uno schermo a programmare che a vivere la società – bene, loro cosa vedono? Sarebbe interessante fare un'indagine e chiedere se anche loro iniziano a non fare più caso al codice, se in automatico vedono già quello che quel codice rappresenta.

Tutti questi passaggi – di scomposizione in scomposizione e di codifica in codifica – sono dei passaggi che hanno avuto bisogno di tempi lunghi per compiersi, passaggi che si sono stratificati nel nostro sistema percettivo così da farci abituare gradualmente al nostro odierno livello di codifica. Così come si è allungato gradualmente il collo delle giraffe secondo le teorie evolutive di Lamarck. A queste codifiche ci siamo abituati passo dopo passo, decennio dopo decennio, scoperta tecnologica per scoperta tecnologica, oppure – riferendosi in questo caso alle teorie Darwiniste – gli individui più affini all'utilizzo dei codici sono semplicemente quelli che hanno avuto maggiore semplicità nel sopravvivere e nel riprodursi. Qualcosa mi dice che l'ultima ipotesi sia così folle da essere una tematica su cui bisognerebbe interrogarsi.

Ci sembra tutto normale, tutto lineare, ma se un indigeno puro – uno di quegli individui che non ha mai avuto contatti con la civilizzazione – vedesse le nostre immagini, cosa vedrebbe?

Il fatto che per gli occidentali sia ragione di turbamento scoprire che gli indigeni devono imparare a leggere le fotografie, come noi impariamo a leggere le lettere, è meritevole di esame. Sembra che i preconcetti e le deformazioni prodotti nella nostra vita sensoriale dalla nostra tecnologia siano un fatto che preferiamo ignorare [...][37]. *Gli indigeni [...] quando si sposta la macchina da presa, credono di vedere muoversi gli alberi e crescere o rimpicciolire gli individui, in quanto non partono dal presupposto dell'alfabetismo che immagina uno spazio continuo e uniforme. I non alfabeti non afferrano assolutamente quegli effetti prospettici o distanzianti di luci e di ombre che noi supponiamo innati nell'uomo*[38].

Prendiamo ad esempio le prime fotografie. A vederne la definizione, la grana e le imperfezioni ci potrebbe venire da sorridere nel pensare a come le percepivano i nostri antenati: con ogni probabilità – a loro – sembravano più vicine alla realtà di quanto noi – oggi – possiamo ritenerle fedeli alla loro realtà. Pensiamo anche a qualcosa che ci riguarda più direttamente, agli effetti speciali, ai primi effetti speciali nei film, al primo *King Kong* per esempio. Come si potevano credere verosimili quegli effetti? È strano pensare a come ci sembrassero plausibili; allo stesso modo sembravano fedeli alla realtà le prime fotografie ai nostri antenati. La gente scappava – come abbiamo già ricordato – dinanzi alla proiezione del treno dei fratelli Lumière, nonostante il video fosse in bianco e nero e presumibilmente alterato dalle imperfezioni presenti sulla pellicola. Lo spot di qualche anno fa del film *King Kong 3D*, è realizzato semplicemente analizzando e riprendendo le espressioni facciali e le plateali reazioni degli spettatori di fronte alla visione del film stesso. Non so se queste reazioni fossero messe in scena o meno. Inevitabile però il parallelo con i racconti sulle reazioni di quegli uomini che, alla fine dell'Ottocento, hanno assistito alla proiezione del treno dei Lumière.

37. McLuhan Marshall, *Gli strumenti del comunicare*, Op.cit., p. 259

38. Ibidem

Pensiamo ora alla cartografia, e in particolare all'evoluzione della cartina geografica dell'Italia e parallelamente – di nuovo – all'evoluzione della fotografia analogica. Avete in mente alcune vecchie cartografie della nostra penisola, quelle dove l'Italia è rappresentata – spesso – grassottella e con una serie di golfi e rientranze inesistenti? Pian piano, nei secoli, questa rappresentazione si è snellita – raffinata –, man mano che gli strumenti di precisione in possesso dell'uomo e gli studi matematici-cartografici si sono evoluti, anche l'immagine del nostro paese si è evoluta e acuita. Ora pensate alla prima fotografia di Niepce ed esaminate l'evoluzione delle qualità fotografiche successive. Pian piano, come i contorni dell'Italia in cartografia, anche i contorni delle fotografie (dalla sua nascita in poi) si sono fatti più precisi; dai ritratti fotografici mossi e micro-mossi realizzati durante gli albori di tale tecnica (a causa dei lunghi tempi di posa), alle odierne immagini iper-nitide e iper-dettagliate in cui ogni ruga e imperfezione della pelle risulta visibile.

Che si tratti di fotografia o di cartografia, in entrambi i casi, la rappresentazione del reale si è fatta via via più definita attraverso i più raffinati strumenti a disposizione, ovvero: calcoli più precisi, tabelle e macchine matematiche più precise. Allo stesso modo, tornando al calcolo esatto della posizione di un navigatore in mezzo all'oceano: con il solo sestante, anche al massimo delle sue potenzialità di utilizzo, un navigatore si sarebbe potuto trovare ovunque in una superficie di circa 714 km quadrati. Con il calcolo del punto di longitudine (attraverso l'orologeria meccanica) questa superficie si è enormemente rimpicciolita, fino ad arrivare al gps odierno, strumento estremamente preciso (come precisi sono i dettagli delle nostre fotografie fatte di quadratini colorati).

Ricordo bene un interessante workshop tecnico durante una residenza artistica; l'incontro con un'esperta dell'azienda Epson. L'esperta era lì per illustrarci le caratteristiche e le proprietà dei proiettori del loro marchio. Spiegò il funzionamento di un tipo di proiettore (DLP a singolo chip), che attraverso il movimento di alcuni specchi posizionati vicino alla lampada di proiezione, fa in modo di sommare singolarmente i tre canali RGB in un tempo molto ristretto e direttamente sul piano di proiezione esterno. Quindi il tutto potenzialmente visibile. L'occhio umano però ne percepisce – per la velocità con cui vengono sovrapposti e intervallati i vari canali colore – comunque un'unica immagine indistinta. L'esperta disse anche che in rari casi alcune persone hanno dei problemi con questo tipo di sistema, perché riescono – a causa di un'ipersensibilità – a vedere separatamente gli strati dei singoli canali RGB. D'altronde anche se non ce ne accorgiamo, l'occhio umano funzionerebbe proprio secondo tre tipi di recettori RGB divisi e distinti (Thomas Young 1773-1829). Ovviamente percepire cerebralmente questo metodo come frammentazione (e non come sovrapposizione), rende impossibile la 'normale visione' del video. Raccontò tutto ciò perché lei stessa riesce a distinguere singolarmente i tre canali di colore durante la visione di un film proiettato tramite questa tipologia di proiettori.

Ecco un altro buon esempio di come, nel quotidiano, una codifica possa fallire, anche se solo per qualche individuo. Così da far emergere il limitato margine entro il quale possiamo dare per scontate le tante codifiche che il nostro apparato percettivo e sensoriale ogni giorno fa in automatico, quasi fossimo già macchine anche noi.

Andy Warhol: *I want to be a machine*.

[Una prima versione di questo testo è stata pubblicata all'interno del volume *Generazione Critica. La fotografia in Europa dopo le grandi scuole*, a cura di M. Manni e L. Panaro, Danilo Montanari, Ravenna 2014]

Individua, cattura, controlla

La fotografia analogica non è stata in alcun modo una scienza esatta. Il processo chimico della fotografia analogica rende (potenzialmente) ogni sviluppo una cosa a sé. Nel capitolo precedente abbiamo visto alcuni passaggi storici riguardanti la scomposizione formale dell'immagine in pittura e del come tale processo di scomposizione abbia subito un'accelerazione a partire dalla nascita e dalla diffusione della fotografia. Nei macchiaioli, nel pointillisme (così come nella grana fotografica) l'immagine prende forma per agglomeramento di punti: Nella trama dell'immagine analogica – costituita da migliaia di alogenuri d'argento che si trasformano ed anneriscono secondo l'intensità della luce – ci sono dei punti dalle forme più svariate, ma non vi è alcuna rigida griglia, né coordinate che possano identificare tali punti. Come invece accade nella fotografia digitale.

Nello scatto fotografico digitale, la luce viene filtrata attraverso l'ottica e si dirige verso il sensore. Qui viene distribuita in milioni di singoli canali (disposti a griglia) e, quindi, assorbita e misurata attraverso i singoli fotodiodi del sensore. I fotodiodi verranno colpiti – in base alla propria disposizione sul sensore – con intensità luminose differenti dal fascio di luce, e di conseguenza assorbiranno ognuno un diverso quantitativo di fotoni. Le singole accumulazioni di fotoni (relative a ogni fotodiodo), vengono quindi trasformate in intensità elettriche differenti. Le intensità elettriche si possono ora misurare e codificare in valori numerici. Questi dati relativi al singolo codice ricavato attraverso ogni singolo fotodiodo, sono quindi salvati su una memoria digitale.

L'immagine ottica rovesciata viene convertita in una grafica bit-map a griglia rigida, così da poter individuare con esattezza i singoli punti di differente luminosità – nello spazio bidimensionale che l'immagine rappresenta – attraverso coordinate geometriche e codici numerici.

Nella fotografia analogica non è possibile poter reperire le coordinate di un unico punto di grana nello spazio bidimensionale dell'immagine, se non attraverso improbabili e macchinosi metodi di misurazione manuale.

In questo senso, l'applicazione dei metodi della grafica bit-map alla fotografia è un momento che (per importanza sulle nostre potenzialità di controllo sul circostante) può essere paragonato alla scoperta del calcolo longitudinale. Con questa scoperta, i navigatori potevano finalmente capire dove fossero esattamente posizionati nello spazio circostante: divenire punti posizionati con precisione all'interno del reticolo formato da meridiani e paralleli. Allo stesso modo, l'individuazione attraverso coordinate precise di un singolo pixel nello spazio visivo tramutato in fotografico bidimensionale, rende il singolo punto di colore (quello che era la macchia, il puntino, la grana) non più vagamente posizionato in uno spazio, come i navigatori con il sestante in mano e senza ancora un orologio meccanico di precisione ad accompagnarli, ma perfettamente misurabile, codificabile e, soprattutto, individuabile e comunicabile.

Il gioco della battaglia navale racchiude bene il connubio metaforico tra codifica secondo griglia dei pixel dell'immagine e individuazione di una nave in mezzo all'oceano attraverso il reticolo del globo e il calcolo della longitudine. Nella battaglia navale infatti ci sono dei quadretti che corrisponderebbero al reticolo di meridiani e paralleli (e che assomigliano anche alle griglie di pixel delle immagini digitali), e poi ci sono le navi incasellate iconograficamente in questi quadretti. Con la fotografia digitale nasce – all'interno della matrice fotografica – una griglia di coordinate equivalente al reticolo composto da meridiani e paralleli presente in cartografia.

Abbiamo visto come un embrionale linguaggio informatico – nella forma delle schede perforate – nacqua in campo tessile, nell'ambito della decorazione dei tessuti. Il sistema a schede perforate viene poi applicato al primo calcolatore analitico della storia (Charles Babbage

1791-1871). La grafica bit-map è presente da sempre, in forma potenziale, nella pratica della tessitura: si formalizzerà solo più avanti – attraverso la meccanizzazione della decorazione in tessitura – ma nello schema del tessuto, come abbiamo già visto, c'è già quell'impianto a griglia tipico che determinerà i successivi passaggi sino alla grafica digitale, fino alle nostre fotografie odierne. Tessitura – grafica bit-map – fotografia digitale. Meccanizzare una tecnica – qualsiasi essa sia – significa anche comprendere gli schemi alla base di essa che, seppure impiegata da secoli a mano, viene interiorizzata al meglio solo nel momento della frammentazione necessaria alla sua meccanizzazione.

Lo stesso discorso lo si può fare per la parte ottica della fotografia (sia analogica sia digitale), ovvero per il suo riferirsi agli studi sulla prospettiva; questa è in fondo il risultato di una matematizzazione geometrica della visione naturale, ovvero la griglia prospettica teorizzata dall'Alberti, da cui deriva anche la tecnica di Dürer menzionata a inizio volume. E tutte le successive macchine per disegnare – pensiamo ai vari modelli di camera ottica – di cui la macchina fotografica ne è il coronamento.

La computer grafica nasce in campo militare negli anni Cinquanta del Novecento all'interno di progetti di ricerca militare statunitensi; osservando alcune delle prime fantasie decorative realizzate in video, interamente tramite computer grafica, possiamo rivedere quelle decorazioni a scacchiera che hanno caratterizzato anche le prime decorazioni in tessitura. I primi video realizzati interamente in ambiente informatico sono caratterizzati da motivi grafici simili a quelli di alcune delle prime decorazioni realizzate in tessitura di cui abbiamo notizia. I vari gradi zero dei due linguaggi (prime decorazioni tessili, prime grafiche realizzate in computer-grafica) ci pongono in evidenza la griglia, la matrice di cui sono composti, o meglio ancora: il tessuto cartesiano (o le coordinate tessili) in cui si formano induce a realizzare determinate fantasie decorative. A voler parafrasare Mcluhan: *Il tessuto è il messaggio*.

Nel fotogramma della fotografia analogica la griglia precisa e interna alla disposizione dei punti di colore non è mai esistita, è esistita nella riproduzione delle fotografie tramite mezzatinta tipografica, nel cinema attraverso la crono-fotografia (materia che come abbiamo visto deriva da ragionamenti cronografici e cronologici) e nella relativa disposizione a griglia dei fotogrammi derivati (delle vere e proprie tabelle cronografiche di studi sul movimento umano e animale), ma nella fotografia analogica (nella matrice del fotogramma) non vi è mai stata alcuna griglia. La fotografia digitale altro non è che la fotografia analogica inglobata dal linguaggio dei media informatici, media decisamente vicini al linguaggio della decorazione meccanizzata in tessitura.

Essa si inscrive anche, e forse soprattutto, all'interno della storia della visualizzazione grafica, della *Data Visualization* (il nome della cronografia contemporanea). La visualizzazione grafica nasce per rendere in immagini dei dati. Quantità di dati che raccolti misuravano e misurano qualche fenomeno (delle più svariate specie). I pixel delle fotografie digitali non sono altro che caselle (parti di un tabulato) compilate con i dati relativi all'intensità luminosa con cui viene colpita la parte di sensore che il pixel rappresenta.

La resa in immagini di questi dati, attraverso grafici a griglia, a torta, o diagrammi, serviva e serve tuttora alla più veloce e semplice lettura, consultazione e controllo degli stessi.

La fotografia digitale è sicuramente più semplice da controllare o da modificare della fotografia analogica così come erano più semplici da trasformare i disegni realizzati con la "macchina a maglie" di Dürer.

È nell'ambito della *Data Visualization* che si forma e si concretizza la grafica bit-map (la base di visualizzazione delle fotografie digitali). Qualsiasi fotografia digitale è formata non da altro che da una raccolta di dati incasellati secondo una determinata logica; una fotografia digitale non è che una tabella di dati, una lista di dati. Una griglia di dati. Anche – se vogliamo – un grafico.

Dalla più antica (di cui siamo a conoscenza) tabella cronologica greca, il *Marmor Parium* (264-263 a.C.), alla *Cronaca di Eusebio* (IV secolo), alle tavole matematiche (*Le tavole matematiche sono uno strumento noto fin dai tempi antichi, se ne trovano perfino tra le tavolette sumere scritte in caratteri cuneiformi nel IV millennio a.C. [...]*[39]), al reticolo del globo, alle fotografie digitali e alle grafiche bit-map, lo schema della griglia è stato un metodo costante di incasellamento dei dati. Di qualsiasi natura fossero questi dati, la forma a griglia di queste tabelle ci ha aiutato a catturarli, proprio come una rete di un pescatore cattura i pesci nel fluire delle acque. Su questa metafora viene in mente il caso Snowden e i discorsi che ne sono scaturiti relativi alla pesca a strascico di metadati. Lo schema delle tabelle a griglia ci ha – sempre – permesso di catturare i dati durante il flusso costante del tempo, dell'esistere. Con il passare dei secoli le maglie delle reti si sono fatte più strette e di conseguenza la quantità di informazioni catturate è costantemente aumentata.

László Moholy-Nagy scriveva a proposito di come – secondo lui – gli analfabeti del futuro sarebbero stati coloro che non avrebbero saputo leggere le immagini. Ora la situazione è un po' diversa (o forse lo era già all'epoca in cui parlava Moholy-Nagy): l'analfabeta del futuro sarà colui che non saprà leggere le liste, le tabelle di dati; le nostre singole immagini digitali sono già quello, delle semplici liste di dati incasellati.

La fotografia digitale è inoltre, nella sua matrice, identica a un qualsiasi render. Entrambi i file sono formati da una griglia di punti (pixel) in cui a ogni punto sono assegnate delle coordinate e dei valori sotto forma di numeri. Un render deriva da uno spazio virtuale in cui – attraverso le stesse regole euclidee con cui da millenni misuriamo il circostante – si possono creare forme, architetture e paesaggi.

39. Henin Silvio, *Il computer dimenticato. Charles Babbage, Ada Lovelace e la ricerca della macchina perfetta*, Op. cit., p. 28

Una volta creato il modello – attraverso uno specifico software di programmazione – il render altro non è che una mappa bidimensionale (fotografia bit-map) di questo modello; nella generazione rendering si possono scegliere e calibrare diverse varianti e variabili tipiche dello scatto fotografico, come: la tipologia di lente da utilizzare, il tipo di luce (solare o per punti luce artificiali). Ovviamente tutte le variabili fisiche del modello virtuale – come la più importante, la luce – sono frutto di calcoli e codifiche fisico-matematici. La fotografia digitale, viceversa, tramuta la luce naturale in stimoli elettrici calcolabili per intensità, quindi codifica il fenomeno fisico della luce in numeri durante il processo di scatto. Il render, si forma in un mondo costituito già in partenza da numeri, quindi utilizza una luce che è già in partenza una ri-codifica del fenomeno fisico.

Per certi versi la fotografia digitale altro non è che il modo di estrapolare immagini dallo spazio virtuale applicato al nostro circostante, anche se i due sistemi di rappresentazione si sono influenzati – e si influenzano tuttora – a vicenda. Il mondo del rendering ha preso dall'ottica tutta una serie di conoscenze per poter rendere fotografici i suoi prodotti; la fotografia digitale ha preso dal mondo della computer grafica il metodo delle coordinate, la grafica bit-map.

Lo spazio virtuale e la nostra percezione rispetto al circostante si sono influenzati e si influenzeranno ancora a vicenda. In entrambi i sistemi vi è una suddivisione dello spazio per griglie in cui incasellare i singoli punti (dati) di un'immagine attraverso delle coordinate (in tabelle matematiche). Lo spazio virtuale però nasce bidimensionale e diventa in seguito spazio tridimensionale; lo spazio del reale, in fotografia come in prospettiva, viene al contrario tramutato in spazio bidimensionale.

Lo spazio virtuale è un linguaggio totalmente inventato dall'uomo, anche se basato sull'osservazione e sulla misurazione dei fenomeni del reale. Uno spazio completamente controllabile, per certi versi senza imprevisti, utopico. Uno spazio ideale, torna alla mente il dipinto-manifesto della pittura prospettica, la *Città Ideale*.

Il linguaggio della fotografia digitale si iscrive all'interno di un discorso geografico e cronografico di misurazione del circostante che ha contribuito all'amplificazione della nostra concezione di mappe, così come la prospettiva contribuì alla creazione di mappe prospettiche delle città viste da un punto di vista rialzato. Integrando così i linguaggi a disposizione del potere, per una rappresentazione del territorio sempre più controllabile.

> *[...] Eccezionale* Descrizione delle marine del Regno di Sicilia, *redatta nel 1577-80 dall'ingegnere architetto senese Tiburzio Spannocchi per conto del Regno di Spagna, che costituisce un corpo organico e inscindibile di descrizioni e di rappresentazioni grafiche (piante di città e centri minori, prospettive di piccoli territori costieri o di singole fortificazioni, ove si integrano le misurazioni metriche e il linguaggio planimetrico con il rilevamento vedutistico), costruite direttamente sul terreno, per arrivare a comporre un "magnifico affresco" della realtà territoriale della Sicilia costiera, che deve risultare – come da committenza di Filippo II – perfettamente funzionale alla gestione politica e militare del territorio (Polto, 2002)*[40].

Questa ricerca dello spazio ideale, controllabile e dominabile, si ripete dalla nascita della prospettiva alla nascita dello spazio virtuale, in quello che da sempre spinge l'uomo verso le nuove tecnologie: implementare il controllo del proprio spazio, o nel caso del virtuale: inventare direttamente spazi totalmente controllabili.

Di frammentazione in frammentazione, abbiamo continuato ad accelerare il percorso di queste suddivisioni – sotto forma di griglie a maglie sempre più strette – del globo e dello spazio circostante. Sono diventate suddivisioni sempre più fitte e precise, il tutto è equivalso a una maggiore possibilità di controllo e manipolazione.

40. Cantile Andrea, Lazzi Giovanna, Rombai Leonardo, *Rappresentare e misurare il mondo: da Vespucci alla modernità*, Polistampa, Firenze 2004, p. 24

Cosa sarebbe stato il web senza la fotografia digitale? *Google Maps, Google Street-View* e tutte le altre mappe reperibili online sono tecnologie che si basano principalmente sulla cucitura, sull'intessitura di differenti immagini. Questa è una proprietà tipica della fotografia digitale: la possibilità di unire immagini – potenzialmente all'infinito – le une alle altre. Nella fotografia analogica questo non è possibile, o almeno non a questi livelli, e sicuramente non con la stessa facilità derivata dagli automatismi intrinsechi al mondo delle immagini digitali; senza l'avvento della fotografia digitale è facile intuire che evolversi al nostro odierno livello di mappatura non sarebbe stato possibile.

Tali tecnologie sono invenzioni relativamente recenti e solo in una prima fase di un potenziale sviluppo; negli ultimi tempi, dopo una buona parte di mappatura di interi continenti (quasi la totalità dell'Europa e dell'occidente in genere), la mappatura si sta rivolgendo agli interni dei grossi spazi pubblici, alla mappatura dei musei, delle opere d'arte presenti al loro interno, alla mappatura di ipogei e grotte marine. Google impiega, ad esempio, un servizio di fotografi su ogni territorio, certificati per la fotografia a 360 gradi degli interni delle architetture commerciali che vogliano far parte di tale iniziativa, di tale mappatura.

La conquista del controllo sul circostante attraverso i nuovi linguaggi e le nuove tecnologie, ha sempre generato dei problemi politici di riferimento sul *chi controllerà questo spazio*?, o meglio: se si forgia un linguaggio per controllare uno spazio (o se si forgia uno spazio attraverso un linguaggio come nel caso del virtuale), l'autore rischia di divenire il dittatore assoluto dello spazio a cui si applicherà tale linguaggio come parametro per gestirlo.

L'utilizzo del Meridiano di Greenwich come meridiano zero è un parametro nazionale inglese divenuto parametro globale solo nel 1884 in seguito alla Conferenza di Washington. E anche in seguito a diverse polemiche, soprattutto francesi, i quali sostenevano che sarebbe stato più corretto – per non favorire alcuna nazione – assegnare il meridiano zero a un qualche luogo neutrale del globo, e non a un luogo parte di uno Stato politico come Greenwich.

Precedentemente moltissimi stati possedevano un proprio parametro, un proprio meridiano zero; col senno di poi, forse qualche vantaggio attraverso quest'assegnazione gli inglesi lo hanno ricevuto.

Allo stesso modo, alcune antiche tabelle cronologiche – di cui a più riprese si sta parlando – utilizzavano come "dati di base" per scandire la cronologia, alcuni dati biblici come ad esempio il Diluvio Universale. Diluvio Universale che, come hanno affermato diversi storici, è stato un evento dalle proporzioni locali, ma che è stato utilizzato ai tempi come parametro globale e che, nello stesso nome, porta con sé quell'Universale che fa pensare a un evento di dimensioni globali.

Chi detiene il potere di gestire tutta questa potenzialità di controllo?

Sono gli stati e oggi anche (e forse soprattutto) il potere economico.

Lo Stato ha sempre avuto una forte connivenza con il controllo, esperita ad esempio, negli ultimi secoli, con l'utilizzo dell'antropometria giudiziaria e della fotografia segnaletica all'interno dei propri sistemi di polizia; si pensi alle vicende riguardanti Bertillon ed Ellero. Ando Gilardi in *Wanted!* analizza il diffondersi delle stampe fotografiche e attribuisce tale fenomeno alla fotografia segnaletica[41]; anche i Lumière ritenevano che: *Il vero fine della cinematografia fosse quello di riconoscere dei rivoltosi durante i moti di piazza*[42].

Entrambi parlano di queste metodologie di rappresentazione come di utili strumenti al servizio del controllo sociale.

Oggi esiste il riconoscimento facciale per la ricerca automatica di un qualsivoglia volto all'interno di un database preordinato; possono essere considerati dei database in tempo reale – al servizio del riconoscimento facciale – anche tutti gli impianti di videosorveglianza attivi in ogni angolo del pianeta o tutte le immagini presenti sui social

41. Girardi Ando, *Wanted!*, Bruno Mondadori, Milano 2010

42.Bellomo F. (a cura di), *Le persone sono più vere se rappresentate*, Postmedia Books, Milano 2014, p. 85

network. Il riconoscimento facciale funziona attraverso una serie di algoritmi; questi calcoli prima di tutto individuano la superficie di pixel corrispondente a dei volti all'interno di un'immagine; quindi, una volta individuati i volti, queste porzioni di pixel vengono "ritagliate" e trattate come dei qualsiasi pattern/texture (come una qualsiasi trama tessile, insomma). La texture facciale inserita dal ricercatore viene confrontata con le texture facciali presenti all'interno del database a disposizione: quando le coordinate e i codici colore dei singoli pixel nelle texture dei visi coincidono con i dati relativi alle texture di uno dei volti presenti nel database, il sistema ci informerà di avere trovato qualcosa. Per fare un esempio anacronistico: è come se fossimo in possesso di una scheda perforata – relativa a una determinata decorazione – di uno dei primi telai meccanici, e ci recassimo in un archivio che conserva queste schede, per trovarne – confrontandole in questo caso manualmente – una identica. Esempio che con tutta probabilità sarebbe potuto accadere in passato, proprio così come ho enunciato.

> *L'antropometria giudiziaria, si è fondata sulla misurazione dell'individuo, generando la polizia scientifica e la costituzione di una banca dati centralizzata: il famoso sommier della polizia giudiziaria. La tecnica delle impronte digitali ha in seguito permesso di posizionare l'identificazione dei sospetti e di conseguenza la problematica stessa dell'identità al centro delle politiche di sicurezza*[43].

L'accoppiata fotografia segnaletica-impronte digitali, si ripete oggi con la comparsa sugli smartphone di ultima generazione, per ora solo sui modelli di fascia alta – quasi fosse un privilegio – del riconoscimento dell'impronta digitale. In poche parole basta toccare il telefono con un dito – dove è posizionato un apposito lettore – perché l'apparecchio possa così sbloccarsi senza l'utilizzo di alcun

43. Casadei T. e Mattarelli S. (a cura di), *Il senso della Repubblica. Schiavitù: Schiavitù*, Franco Angeli, Milano 2009, p. 221

codice. O meglio: il codice è costituito da una serie di numeri, da una tabella, corrispondente a ogni personale impronta digitale. Le coordinate, sotto forma di grafica bit-map, si ripropongono anche nel riconoscimento/scansione dell'impronta digitale. Ogni Stato possedeva e possiede già le nostre foto-segnaletiche attraverso le carte d'identità e nel prossimo futuro, è facile immaginare, possiederà anche le nostre impronte digitali tramite smartphone e web: un archivio globale di foto segnaletiche e impronte digitali di tutti gli abitanti del globo, come ai tempi di Bertillon, solo che il tutto ora è indicizzato digitalmente e globalizzato, e inoltre non è relativo solo a chi ha già compiuto dei crimini, ma a tutti.

Per immaginare un possibile sviluppo del nostro imminente futuro iper-controllato ci viene incontro la narrativa fantascientifica di qualche anno fa, pensiamo al film *Minority Report* (2002). In questa pellicola di Steven Spielberg, tratta dall'omonimo racconto di Philip Dick, il contesto narrativo è una distopia ispirata al controllo totale: ogni singolo individuo è rintracciabile attraverso una perenne mappatura della posizione; ogni individuo è schedato attraverso una scansione del proprio iride; ci sono telecamere ovunque e ogni telecamera è anche uno scanner per iridi. Dovunque ci si trovi – metropolitana, negozi, automobili – sono presenti questi scanner che, in una frazione di secondo, identificano gli individui. La scansione dell'iride, nella pellicola, viene utilizzata sia a fini di controllo poliziesco sia a fini di controllo commerciale: le pubblicità interattive – di cui le strade della narrazione cinematografica sono zeppe – si animano indirizzandosi direttamente al passante e parlandogli in prima persona con slogan personalizzati *ad hoc*. La stessa cosa che succede oggi con la pubblicità online, attraverso algoritmi che studiano e immagazzinano le nostre precedenti ricerche, così da proporci sempre quel qualcosa a cui potremmo potenzialmente essere interessati. E dalle affermazioni presenti in alcuni blog, pare anche che già sul prossimo iPhone sarà presente una tecnologia che permetterà di scansionarsi l'iride; tale scansione ci consentirà, di nuovo, di sbloccare il telefono senza bisogno di alcun codice.

> *[...] si potrebbe collegare una fotocamera personalizzata alla pressione sanguigna, alle emanazioni delle onde alfa o al livello di idratazione della pelle. Le fotografie, fatte senza un'intenzione consapevole, diventerebbero un archivio visivo della giornata trascorsa da chi indossa la fotocamera: questo è ciò che ho fotografato quando la pressione sanguigna è salita oltre 150, oppure quando stavo per addormentarmi, oppure quando ero eccitato sessualmente. Pensiamo ai risvolti in termini di sorveglianza se si potesse vedere, attraverso dei sensori wireless, il Web e un sistema Gps, cosa sta guardando una persona quando è infuriata o ha paura. I criminali in libertà vigilata, gli sfiduciati della politica, persino i bambini potrebbero essere monitorati da quella che essenzialmente è una psicopolizia*[44].

Prendiamo le plausibili ipotesi di Fred Ritchin appena citate, e mettiamole in relazione tanto al mondo della narrazione fantascientifica, quanto a quest'affermazione di Cesare Lombroso, datata 1886:

> *Capisco che un giurista, un metafisico della più vecchia scuola, non capisca che nesso indissolubile interceda fra il peso e la temperatura di un uomo e il suo delirio, che ignori cioè i fenomeni psichici essere manifestazioni organiche [...] e quindi essere misurabili, e quasi direi afferrabili durante il loro corso, dal termometro, dalla bilancia come dall'urometro e dall'estesiometro; ed ignori come le anomalie psichiatriche abbiano di questi amminicoli più bisogno forse dell'altre, perché qui meno soccorrono le manifestazioni [...] del paziente e perché servono a verificare o controllare la simulazione. Ma che questo dica un antropologo-igienista è, davvero, nell'anno di salute 1886, un fenomeno curioso di amnesia scientifica*[45].

Ognuno giunga alle proprie riflessioni.

44. Ritchin Fred, *Dopo la fotografia*, Op. cit., p. 182

45. P. Bianucci, C. Cilli, G. Giacobini, G. Malerba e S. Montaldo (a cura di), Il Museo di Antropologia Criminale "Cesare Lombroso" dell'Università di Torino (guida alla visita), Edizioni Libreria Cortina Torino, Torino 2011, p.20

Alcuni giorni fa, mi trovavo in un baretto sul mare a Bari che frequento da vent'anni. Avevo appuntamento con un amico, ed era in ritardo; così, arrivato sul posto, mando una fotografia via chat, per indicargli attraverso l'immagine (in questo caso usata come fotografia verbale) che ero arrivato e lo stavo aspettando. Qualche minuto dopo mi accorgo che era apparsa una notifica di Google Maps sul cellulare – notifica denominata Google Maps guide locali –, recitava: *Vuoi aggiungere quest'immagine alle fotografie di EL CHIRINGUITO*? Il bar dove mi trovavo si chiama esattamente così: attraverso i dati GPS contenuti nell'immagine digitale il cellulare ha riconosciuto il luogo in cui era stata scattata l'immagine, ed essendoci già delle fotografie che ritraggono questo bar e gli esterni del luogo, mi ha chiesto se volessi contribuire ad implementare l'archivio di immagini che rappresentano questa zona di Bari.

Una mappa *in progress*, che si auto-genera all'infinito e che continua ad arricchirsi grazie ai miliardi di hardware e software presenti in giro per il mondo, che fanno capo al linguaggio informatico di riferimento. D'altronde la prima volta che si accede all'applicazione Google Maps da un iPhone, tutto ciò viene dichiarato attraverso una semplice ed esaustiva domanda: *Vuoi aiutare Google a migliorare queste mappe attraverso la condivisione (e la conseguente analisi) dei tuoi dati?*

Ma la mappatura collettiva *in progress* non è una metodologia che nasce con la Rete. Se pensiamo alle tabelle cronologiche di vari secoli fa possiamo ritrovare diversi esempi di mappature di dati aperte.

> *Nel 1550 Paul Eber, professore di ebraico e predicatore di Wittemberg, pubblicò un Calendarium Historicum. Egli eliminò i santi e registrò invece i grandi eventi della Storia ebraica, pagana e cristiana che si erano verificati in ogni giorno dell'anno. [...] su molte pagine esistevano spazi bianchi per inserire delle note [...]*[46]*. Il proprietario della prima copia vi annotò la nascita del proprio figlio; il secondo, partendo da*

46. Grafton Antony, Rosenberg Daniel, *Cartografie del Tempo*, Op. cit., p. 77

una pagina che identificava il 15 marzo come il secondo giorno di Purim, la festività romana di Anna Perenna, la data dell'assassinio di Giulio Cesare e il giorno di nascita di Giovanni Federico di Sassonia[47].

Anche la già citata *Cronaca* di Eusebio possedeva, nelle tabelle di cui era composta, alcune righe e caselle lasciate vuote, le quali si prestavano a diverse tipologie di aggiunte manoscritte da parte dei lettori. Insomma venivano fornite già allora delle tabelle, delle griglie visive, in parte già compilate e in parte – possibilmente – da compilare. Una griglia in cui parte dei dati veniva inserita dall'autore, una tabella cronologica già compilata con alcuni accadimenti storici: il fruitore avrebbe potuto continuare la compilazione seguendo lo schema cronologico e le righe – a volte – lasciate vuote a tale scopo.

Quando inseriamo una fotografia all'interno del data-base di Google Maps, altro non stiamo facendo che aggiungere una nostra griglia di dati (già compilata) all'interno della griglia di dati infinitamente più grande che è quella della mappatura – della mappa – di Maps in questo caso. Ci comportiamo come quei lettori che migliaia di anni fa aggiungevano date e dati nelle pagine della *Cronaca* di Eusebio. Questo parallelismo sembrerebbe confermare le parole di Franco Vaccari, citate a inizio volume, quando l'artista parla di "inclinazione classificatrice", ancestrale nell'animale uomo.

È da poco in commercio un apparecchio, il Gear 360 (ma se ne trovano tanti altri simili): una sfera con – posizionate ai due poli opposti – due fotocamere con ottiche a 180 gradi fisheye; quest'oggetto, collegandosi allo smartphone via wifi, è in grado di scattare immagini e girare video a 360°, da rivedere su pc o, ancora meglio, attraverso visori oculari. Lo slogan che si ripete sul sito web che promuove quest'oggetto è *Cattura, Immagini catturate con Gear 360*: quest'idea di catturare, di fare proprio lo spazio circostante, si ripete. Il Gear 360 altro non è che una sorta di versione domestica della telecamera

47. Ivi, p. 79

presente sulle macchine che girano il mondo per conto di Google Street-View, le *fotocamere con nove occhi* che ci permettono di vedere (di controllare) dove sia ubicato esattamente un luogo (negozio, bar, museo, albergo), prima di muoverci in una città che non si conosce o si conosce poco. Esistono tecnologie domestiche da installare nelle proprie abitazioni anche per quel che riguarda il riconoscimento facciale (uno di questi oggetti si chiama Netatmo), così da controllare figli, nonni e bisnonne, se presenti.

Mi ha sempre affascinato l'evoluzione dell'utilizzo di molte tecnologie, che spesso passano dall'essere solo appannaggio dei militari al divenire oggetti commerciali di massa. Oltre ai due esempi precedenti (riconoscimento facciale e fotocamera a 360°), penso ai droni, passati in breve tempo dai militari alla cinematografia, e oggi acquistabili da chiunque in un qualsiasi negozio di elettrodomestici. Gli stessi obiettivi fotografici, i cui schemi ottici, durante i conflitti mondiali, venivano considerati (e di conseguenza trattati) come dei segreti militari. E ancora prima segreto militare lo potevano essere (e spesso lo erano) le mappe, i disegni e le rappresentazioni manoscritte dei più vari territori.

> *[...] una rappresentazione manoscritta esce dal segreto e dalla riservatezza degli uffici statali per approdare in una tipografia ed essere trasformata in una stampa. A prescindere dai trafugamenti, ciò accade soltanto quando il potere politico ritiene che questo passaggio – con l'ampia diffusione che esso comporta, tra il pubblico anche internazionale – sia per esso vantaggioso. In altre parole, quando il principe o l'oligarchia che governa, vuole affermare, un po' come si fa oggi per il ritratto di famiglia della casa regnante o per le fotografie della sua residenza e dei suoi luoghi simbolici, un'immagine dello Stato e/o della città capitale di quello Stato, del palazzo o della villa, della fattoria e degli altri beni patrimoniali o domìni; allora, la rappresentazione veicola l'immagine promozionale del potere, della ricchezza, della potenza politico-economica-sociale*[48].

48. Cantile Andrea, Lazzi Giovanna, Rombai Leonardo, *Rappresentare e misurare il mondo: da Vespucci alla modernità*, Op. cit., p. 61

Alcuni recenti articoli, letti peraltro su un'edizione locale di un quotidiano nazionale, di certo non del luogo più tecnologico del globo, ricordano di nuovo il mondo immaginato (da Dick) in *Minority Report*, e il rapporto foto-segnaletiche/impronte digitali di cui prima. Ecco i titoli: *Bari, via al piano antiterrorismo per Italia-Francia: scanner facciali allo stadio San Nicola [...]; Bari, alunne in ritardo per vedere i fidanzati: impronte digitali per entrare e sms a casa in diretta; Bari, lasciano in strada rifiuti ingombranti: incastrati dalle fototrappole [...].*

I nostri mezzi hanno sempre e completamente rivoluzionato il rapporto che abbiamo con lo spazio circostante: oggi, muniti di uno smartphone connesso in Rete, chiunque di noi si può muovere in diversi luoghi del globo come se fosse a casa propria, e utilizzando la città in questione come gli è più consono, senza bisogno di alcuna conoscenza pregressa del luogo. Tutto ciò, fino a una decina di anni fa, non era possibile; arrivati in luoghi che non si conoscevano eravamo estranei. Allo stesso modo, in tempi diversi ma per nulla lontani, un'altra tecnologia (o meglio la stessa tecnologia meno sviluppata/applicata) ci ha permesso di muoverci agilmente in città sconosciute. La numerazione delle vie di alcune città nord-americane è stata effettuata seguendo la metodologia matematica di individuazione di un punto nel piano tramite le coordinate cartesiane, così chiunque sappia leggere i numeri, anche se non conosce l'inglese e non è mai stato in queste città, può trovare l'indirizzo che gli interessa senza bisogno di chiedere informazioni e senza alcuna mappa.

Internet può vantare una parziale discendenza da un sistema stradale planetario [...][49].

49. Ritchin Fred, *Dopo la fotografia*, Op. cit., pp. 134-135

Transmediale è una manifestazione artistica che si tiene ogni anno a Berlino, votata all'arte tecnologica e al mix fra arte, scienza e tecnologia. Nel 2015 il tema e titolo della manifestazione era *Capture All*. Questo CatturaTutto è un'ancestrale bisogno dell'homo sapiens, ed è in questo contesto (in questo tessuto) che va inscritta la fotografia prima – d'altronde già con la camera oscura stessa, cosa abbiamo fatto se non catturare l'immagine del mondo "appesa all'ingiù" e in una stanza buia? E la fotografia digitale poi; non contenti, con l'avvento del digitale, si può dire che l'abbiamo – inoltre – avvolta in una fitta rete da pesca.

L'idea della cattura del circostante è un'idea che si ripete in fotografia – ripensiamo al fucile fotografico atto a catturare i movimenti dei volatili di Marey, o al cannone fotografico di Janssen.

Giorgio Agamben ci ricorda che noi stessi non siamo immuni dal poter esser catturati dai linguaggi a nostra disposizione, anzi:

> *Il linguaggio stesso, che è forse il più antico dei dispositivi, in cui migliaia di anni fa un primate – probabilmente senza rendersi conto delle conseguenze cui andava incontro – ebbe l'incoscienza di farsi catturare*[50].

Esercizio n. 1: *Il copista di pixel*

Dal reticolo del globo terrestre allo spazio virtuale della modellazione 3D, alla griglia di pixel della fotografia digitale, abbiamo sempre diviso e continuato a dividere; l'operazione costante della misurazione e del controllo da parte dell'uomo sul mondo ha previsto una incessante suddivisione in griglie sempre più piccole – e più precise – della "porzione di mondo" che avevamo precedentemente suddiviso.

50. Agamben Giorgio, *Che cos'è un dispositivo*, Nottetempo 2006, pp.21-22

In uno dei miei ultimi lavori artistici ho effettuato un'operazione di questo tipo:

> *[...] una trasposizione numerica fatta a mano del codice colore di ogni singolo pixel di una foto-tessera scaricata da internet. Un modus operandi che rimanda più al comportamento di una macchina che a quello di un essere umano. I singoli codici dei colori dei singoli pixel sono stati riportati – quadretto per quadretto – su di un comune foglio a quadretti. A ogni quadretto, contenente un numero di 4 cifre scritto a mano, corrisponde il dato colore del rispettivo pixel appartenente alla foto-tessera scaricata.*
>
> *Realizzare questa operazione a mano, anche se si tratta di un'immagine molto piccola (59 per 65 pixel): significa controllare singolarmente a quale numero di decodifica (o codifica che dir si voglia) corrisponde ogni pixel, e – dopo di che – riportare il dato verificato su di un foglio a quadretti, quadretto per quadretto. Questa sequenza di operazioni ripetuta – in questo caso – per 3835 volte*[51].

Nonostante l'operazione di decodifica dei pixel colorati in numeri, si riesce comunque a intravedere un viso – il volto della fototessera dell'immagine digitale scaricata – nella tabella che viene fuori da questo processo di operazioni. Questo perché il codice numerico scritto a penna su ogni singolo quadretto è comunque un segno visivo; se a un colore corrisponde un segno e a un altro colore un altro segno (con relative intensità luminose differenti), per corrispondenze nella formazione della tabella (immagine), riusciremo a intravedere il volto della fotografia nonostante la decodifica. Scriviamo una tabella a griglia di dati numerici, ma riusciamo comunque a leggerne un'immagine. Non sono tuttavia sicuro che la mia bisnonna Filomena sarebbe riuscita a intravedere un'immagine da questa tabella di dati: come nel rapporto fra gli indigeni e il video di cui parla Mcluhan, forse anche lei non sarebbe riuscita a decodificare questo linguaggio. O forse la confidenza che aveva col mondo tessile e con l'utilizzo del telaio l'avrebbe aiutata nella visualizzazione di questa tabella in immagine.

51. Angiolini Eleonora, *Fabrizio Bellomo: L'immagine, la macchina*, in VIXmagazine.it, 22/10/2015

In qualsiasi edicola è possibile acquistare riviste che contengono al proprio interno delle particolari tipologie di giochi per ragazzini denominati *Crucipixel*. Questi giochini consistono in griglie vuote, da riempire secondo ordini dettati da coordinate; il singolo ordine consiste nell'annerimento del quadratino della griglia indicato dalle coordinate specifiche. Risultato: una serie di disegni formati da "pixel fatti a mano". Qualche giorno fa ho scaricato un gioco sul mio smartphone: *I Love Hue*, gioco in cui una tavola di gradazioni di colore è scomposta attraverso una griglia. Il preciso ordine di gradazioni di colore viene alterato scombinando le singole tessere derivate dalla griglia. Alterando così anche la logica cromatica della tavola. il compito del giocatore è quello di riordinare il tutto. Un puzzle cromatico. Una sorta di *Cubo di Rubik* in 2d. Quelli della mia generazione – da piccoli – giocavano alla battaglia navale, a tris e a forza 4. più avanti anche a tetris e a campo minato. Già da questi passaggi, è possibile intravedere una genealogia nei giochi per bambini che, di generazione in generazione, si fanno sempre meno giochi e sempre più iniziazione al mondo delle coordinate. Singolare è l'esempio del gioco del puzzle: le origini di questo rompicapo risalgono al 1760 circa e sono attribuibili proprio a John Spilsbury, un cartografo che ideò a Londra questo metodo come forma alternativa di insegnamento della geografia ai bambini.

Evidentemente come i tratti del Dna anche la lingua viene trasmessa ereditariamente dai genitori ai figli [...][52].

Consapevoli che i linguaggi sono molteplici, anche gli apparati di codifiche visive – parte di questi linguaggi – vengono trasmessi dai genitori ai figli, di generazione in generazione.

52. Luigi Luca Cavalli-Sforza, Paolo Menozzi e Alberto Piazza, *The History and Geography of Human Genes*, Princeton University Press, Princeton 1994

L'immagine fotografica si costituisce per punti e non per contorni (così è sempre stato, anche nella fotografia analogica), per cui i punti di colore sono i segni di cui l'immagine fotografica è composta. Scambiando un segno (colore) con un altro (numero), secondo una posizione e un alfabeto paralleli per tutti i punti dell'immagine, i contorni di questa riappariranno nella tabella numerica derivata da tale operazione.

Quello che per me è stato un vero e proprio esercizio di copiatura a mano di un'immagine digitale, fa tornare in mente le parole di Luciano Canfora sulla figura del copista:

> *[...] Il copista, infatti, deve essere considerato inanzi tutto come lettore, anzi come unico vero lettore del testo. Giacché la sola lettura che porti ad una piena appropriazione del testo è l'atto della copiatura: la sola via di appropriazione di un testo consiste nel copiarlo*[53]. Aggiunge inoltre: *Perciò non si copia qualunque testo*[54].

In questo periodo sto rifacendo lo stesso esercizio con altri soggetti fotografici: questa volta ricopiando delle fotografie segnaletiche scaricate dal web. Non è un caso che abbia scelto delle fotografie segnaletiche e delle fototessere come soggetti da ricopiare, questa scelta ha a che fare con l'antropometria giudiziaria e il sistema del riconoscimento facciale di cui prima. Copiare a mano queste foto bit-map è stato per me un momento chiave nella comprensione del cosa sia una fotografia digitale. Tutti sappiamo di cosa è composta una fotografia digitale (cioè di pixel); effettuare questo lavorio – normalmente codificato in automatico da una macchina – a mano, mi ha aiutato a comprendere dove poter cercare le radici dell'immagine digitale. In quanto copista, sono stato un vero lettore dell'immagine digitale per usare le parole di Canfora.

53. Canfora Luciano, *Il copista come autore*, Sellerio, Palermo 2002, pp.18-19
54. Ibidem

Se fossi un docente di fotografia, non ci penserei due volte: primo esercizio da svolgere durante le lezioni in aula da parte degli studenti, sarebbe quello di ripetere questa operazione.

A diciannove anni, durante quei pochi mesi in cui ho frequentato il corso di urbanistica all'Università di Architettura di Milano, una delle esercitazioni che svolsi consistette nel copiare a mano una cartina contemporanea della città meneghina; una volta ricopiata la cartina, bisognava evidenziarvi con colori diversi le differenti stratificazioni delle mura di cinta relative alle varie epoche che si sono susseguite nella composizione del tessuto urbano milanese. Questa copiatura della pianta di Milano fu in primo luogo una vera e propria lettura dell'impianto urbanistico della città: ripercorrere con la matita, la penna e i colori le strade e le mura di una città, attraverso la copiatura di una mappa, è un gesto di analisi e conoscenza dell'impianto urbanistico del luogo. Allo stesso modo sarebbe utile far ricopiare agli studenti di fotografia, un'immagine digitale su di un foglio a quadretti, trascrivendo a mano il codice colore, pixel per pixel, coordinata per coordinata. Far loro fare l'esercizio del 'copista di pixel'.

L'elaborazione da me proposta ha a che fare con la Ascii-Art, il sistema di codifica che attribuisce un simbolo alfanumerico a ogni colore di ogni pixel, così da ricomporre un'immagine per segni (per l'intensità luminosa di questi segni) e non per colori. Nel mio esercizio i segni sono i reali numeri attribuiti a ogni singolo colore secondo la codifica della paletta di riferimento; per gli esercizi ho utilizzato come riferimenti l'RGB e l'indicizzazione Focoltone.

Un pioniere della grafica computerizzata è stato Ken Knowlton, artista e grafico che lavorava nei laboratori della BELL; nel 1963 Knowlton realizza il programma BEFLIX, linguaggio per produrre video basati sulla grafica bitmap, realizzato dopo essere in precedenza riuscito a scomporre un'immagine in una griglia di unità discrete e a registrarle in base alla loro luminosità.

Scomporre le immagini in una griglia di unità discrete e a registrarle in base alla luminosità; questo è quello che succede tutt'ora all'interno delle nostre fotocamere digitali.

Nel mio esercizio, ogni quadretto è riempito da un codice numerico di quattro cifre che corrisponde al codice del relativo pixel che raffigura (rappresenta). Le diverse serie di codici numerici a quattro cifre, scritti a mano all'interno dei singoli quadretti, occupano più o meno spazio in relazione alla tipologia di segno numerico: un 6666 occuperà più spazio lineare all'interno del quadretto di un codice composto da 1111. Maggiore o minore superficie lineare di inchiostro, versato in una equivalente porzione di spazio del foglio, farà scaturire luminosità differenti.

La visione dell'immagine, dei contorni dell'immagine, nei fogli (tabelle) risultati dai miei esercizi, è possibile per lo stesso principio utilizzato da Knowlton rispetto alla registrazione per luminosità dei frammenti risultati dalla scomposizione delle immagini da lui catturate.

Il segno grafico di un codice numerico di quattro cifre può essere tramutato nell'equivalente linea continua composta da tutte le parti dei suoi segni numerici: immaginiamo il codice, ad esempio, 6666 scritto mediante del filo nero; se srotolassimo e unissimo fra loro questi pezzi di filo, che compongono il segno numerico, avremmo come risultato una linea più lunga rispetto a quella prodotta con il codice 1111. Con queste linee (filo) immaginiamo di occupare lo spazio di un quadratino su un foglio a quadretti. I quadratini ove sono stati posizionati i due pezzi di filo di lunghezze differenti, corrispondenti ai due differenti codici colore, avranno ora intensità luminose – anch'esse – differenti: quello che contiene il filo più lungo sarà meno luminoso, poiché la sua superficie sarà stata maggiormente oscurata dal filo più lungo, rispetto a quello che contiene il filo più corto che sarà – per lo stesso ragionamento – più luminoso. Per questo motivo, nonostante abbia scritto dei numeri in una tabella, si riescono a intravedere i volti delle foto segnaletiche di riferimento. La stessa cosa succede nella riproduzione tipografica in bianco e nero tramite la tecnica della mezzatinta, qui le gradazioni di luminosità di un'immagine vengono rappresentate attraverso la variazione del diametro dei punti che compongono la stessa immagine. I punti che compongono un'immagine realizzata mediante la tecnica della mezzatinta possono quindi essere visti come se fossero una sequenza di informazioni incasellate in un tabulato. I dati, le informazioni, in questo caso sono relative alle dimensioni dei diametri: più è grande il diametro del punto e minore sarà la luminosità di questa casella della griglia, e viceversa.

Un principio – se vogliamo – molto simile (anche se qui l'equazione è diretta e non inversa), è alla base del funzionamento dei nostri sensori digitali: più o meno fotoni assorbiti da ogni singolo fotodiodo corrispondono a pixel più o meno luminosi.

Abitiamo i Grafici e i computer leggono romanzi

Dalle mappe cartografiche alle fotografie digitali, l'uomo non ha fatto altro che trasformare delle forme del reale – dei fenomeni del reale – in liste di dati. In tavole matematiche o, se vogliamo, in tabelline.

> Già nel Settecento una nazione come il Regno Unito dipendeva, per la sua difesa e per i suoi commerci, dalle tavole matematiche e astronomiche. Dionysus Lardner così riassume l'utilità delle tavole:
>
> *L'agrimensore, il topografo, l'architetto, il carpentiere, l'ingegnere civile e militare, il capitano della nave, tutti necessitano dell'ausilio di tavole numeriche peculiari della loro professione, che sono pubblicate ogni mese*[55].

55. Henin Silvio, *Il computer dimenticato. Charles Babbage, Ada Lovelace e la ricerca della macchina perfetta*, Op. cit., p. 29

Per compiere questi processi l'uomo si è servito spesso – come abbiamo visto – della suddivisione in griglie, sempre più piccole, e andando a scomporre di volta in volta i frammenti derivati dalla griglia precedente. In modo tale da creare tabelle di dati sul circostante sempre più precise. Le fotografie digitali possono essere viste come alcune di queste griglie. Tornano alla mente, rispetto alla precedente citazione sull'utilizzo delle tavole matematiche (volendo comprendere parte di queste anche le fotografie), alcuni versi citati da Baudelaire nel suo atto di accusa alla fotografia:

> *Il faut donc qu'elle rentre dans son véritable devoir, qui est d'être la servante des sciences et des arts, mais la très humble servante, comme l'imprimerie et la sténographie, qui n'ont ni créé ni suppléé la littérature. Qu'elle enrichisse rapidement l'album du voyageur et rende à ses yeux la précision qui manquait à sa mémoire, qu'elle orne la bibliothèque du naturaliste, exagère les animaux microscopiques, fortifie même de quelques renseignements les hypothèses de l'astronome; qu'elle soit enfin le secrétaire et le garde-note de quiconque a besoin dans sa profession d'une absolue exactitude matérielle, jusque-là rien de mieux*[56].

Dalle affermazioni di Lardner e Baudelaire emerge un pensiero comune sul fine dell'utilizzo di questi strumenti, anche se uno parlava di tavole matematiche e l'altro di macchine fotografiche.

Incursione di Baudelaire a parte, una questione rimane aperta, ovvero: se la prima suddivisione è stata fallace, allora anche tutte le divisioni che ne verranno saranno vittime della prima imprecisione di calcolo, secondo un processo definibile – in senso stretto – di aberrazione. Il modello principe, il linguaggio da cui sono scaturite tutte le frammentazioni successive, l'assioma per eccellenza del nostro linguaggio di mappatura del circostante è la geometrica euclidea, una rappresentazione coerente con il nostro sistema di osservazione ma – a quanto pare – non coincidente con la realtà fisica del nostro universo.

56. Baudelaire Charles, *Lettre à M. le Directeur de la* Revue française *sur le Salon de 1859*, in *Revue française* (vol. xvii, p. 262-266), 20 Giugno 1859

Così ancora Farinelli:

> *[...] è accaduto in geografia la stessa cosa che Mandelbrot lamentava per la matematica: il modello ha preso il sopravvento sulla realtà. E anche in questo caso il modello consiste nella geometrica euclidea [...]*[57]. *[...] sostenere che si abita un linguaggio e non il mondo è un'altra maniera per dire, alla fine, che si abita non il mondo ma una tavola, una carta geografica [...]*[58].

Abitiamo quindi delle tabelle grafiche di dati – in effetti, le architetture dove abitiamo e lavoriamo, il più delle volte, assomigliano a delle tabelle; a delle griglie di dati. E – come abbiamo visto – non solo le nostre architetture:

> *La griglia cartesiana, una delle grandi invenzioni della modernità – dalle sue origini nella matematica dei grafici alla pianificazione urbanistica e all'arte moderna, dal reticolato di longitudine e latitudine usato nelle rappresentazioni geografiche alle colonne e alle righe dei file Microsoft Excel – si è affermata come strumento fondamentale sia per gli studi statistici delle scienze sociali sia per l'amministrazione biopolitica nelle popolazioni del tardo XIX secolo. Nelle sue applicazioni fondamentali nel campo della finanza, dai registri a partita doppia ai documenti di analisi contabile, così come nella disposizione ordinata delle merci negli scaffali di un supermercato, la griglia è uno strumento organizzativo fondamentale nell'economia contemporanea [...]*[59].

Qualsiasi ricerca effettuiamo su un motore di ricerca web, come Google, avviene tramite indicizzazione: scriviamo un termine e a questo input dato tramite terminologia ci viene restituito un tabulato relativo alla parola cercata. Se effettuiamo una ricerca tramite un termine e impostiamo su Google la ricerca visiva relativa a questo termine, la restituzione di immagini che ne deriva (la tabella visiva

57. Farinelli Franco, *Geografia. Un'introduzione ai modelli dell'uomo*, Op. cit., p. 73

58. Ibidem

59. Cubbit Sean, *The Practice of Light. A Genealogy of Visual Technologies from Prints to Pixels*, The Mit Press, Cambridge (Mass.) – London 2014, pp. 99-100

di dati che verrà generata dal motore di ricerca) sarà relativa a una serie di immagini attinenti a tale termine. Sappiamo che le immagini digitali sono formate da una griglia di dati numerici e vediamo che la restituzione visiva di Google, all'input dato, consiste in una tabella formata da immagini. Queste immagini saranno, nel motore di ricerca, indicizzate in modo tale da comparirci secondo un ordine numerico: la prima immagine in alto a sinistra sarà denominata dal motore di ricerca come prima immagine, la seconda contando in alto da sinistra come seconda immagine e così via, fino all'ultima immagine che ci comparirà in basso a destra. Queste immagini saranno denominate 1, 2, 3, 4, 5... Al loro interno, esse sono composte a loro volta da griglie, contenenti pixel regolati da dati numerici. Una matrioska di tabelle numeriche: ogni nostra ricerca in Rete è un *mise en abyme* di tabelle numeriche.

Utilizziamo gli smartphone anche per specchiarci: ci guardiamo sul display per vedere come ci sta un paio di occhiali da sole, per rinfrescare il rossetto o per cambiare le lenti a contatto. L'atto di guardarsi allo specchio – che ricordiamo essere anche un atto filosofico – viene tramutato nell'osservazione di una tabella numerica, i cui valori si aggiornano in continuazione ad ogni nostro minimo movimento (si vedano in proposito alcuni lavori dell'artista tedesco Andreas Müller-Pohle). O ancora: alcune fotocamere odierne (penso alla Fujifilm X30) non sono provviste di un mirino ottico vero e proprio; utilizzano invece un'accoppiata in cui l'oculare, classico meccanismo parte del mirino ottico, ci mostra *il reale già rappresentato*. Inquadriamo con una normale ottica, posizioniamo il nostro occhio sull'oculare del mirino, ma nonostante il gesto che compiamo ci rimandi a una visione fisica/ottica immediata del dato reale, in verità stiamo già osservando una rappresentazione numerica: l'oculare infatti inquadra uno schermo presente all'interno della fotocamera; nel mirino guardiamo una rappresentazione digitale. Convinti di inquadrare un dato reale stiamo invece già fotografando seguendo le indicazioni di una mappa in presa diretta. Ed effettivamente la sensazione che si prova, utilizzando questo tipo di mezzi e rimanendo troppo a lungo nell'inquadratura, è abbastanza straniante.

Proviamo a fare una ricerca, mediante Google Images, dei termini "marocchino"; "rumeno"; "tunisino". Nel vocabolario della lingua italiana queste parole stanno a indicare la nazionalità di un individuo (o di un gruppo di individui) e/o la lingua di un popolo. Ma, osservando il risultato che scaturisce dalla ricerca immagini attraverso queste parole, ci si rende conto di come le stesse abbiano preso a significare altro. Il responso visivo che il motore di ricerca ci dà, è criminale; questo tipo di associazione viene immediatamente alla mente in quanto una percentuale altissima delle prime immagini risultate dalla ricerca hanno a che fare con una icona negativa della nostra memoria collettiva, ovvero la foto segnaletica. Consiglio a questo punto al lettore di interrompere la lettura per provare a fare tale ricerca. Perché si ottenga dal motore di ricerca un responso visivo simile su degli italiani va digitata la parola "pregiudicato".

Questo stereotipo ci rimanda, ancora una volta, a Cesare Lombroso e ai suoi studi.

Tutto questo, in termini pratici e numerici, significa che la maggior parte delle volte in cui i media hanno utilizzato una di queste parole, hanno accostato alle stesse una foto segnaletica della polizia. Così facendo si sono instaurate e radicate all'interno della memoria collettiva di un paese, associazioni stereotipate e razziste tra significato e significante. Il responso visivo di Google Images, abbinato anche all'abilità nel saper leggere questo responso formato da un tabulato, fa emergere emblematicamente un nostro comportamento; una criminalizzazione linguistica attuata mediaticamente e quotidianamente.

In Italia, il significato, l'immagine mentale presente nella memoria collettiva , della parola rumeno è una foto segnaletica della polizia di un cittadino di origini rumene. Ergo: tutti i rumeni sono dei criminali.

Nonostante tutto in questi esempi scorgo anche delle sfaccettature potenzialmente propositive, e sono relative alla possibilità che abbiamo di controllare oltre all'essere controllati. Mi spiego meglio: un responso visivo così evidente da far emergere una tale criminalizzazione attuata su determinate parole da parte dei media italiani, è un qualcosa di cui possiamo accorgerci grazie alla facilità con cui oggi, attraverso la Rete, chiunque può controllare come sia stata usata questa o quella parola, a cosa sia stata accoppiata visivamente una data parola nell'utilizzo mediatico della stessa (come nel caso degli esempi citati). Con ogni probabilità l'utilizzo delle parole in questione sarà stato il medesimo anche in era pre-web; semplicemente controllare come fossero utilizzate su larga scala non era altrettanto semplice, o almeno più difficile. Con il web basta saper leggere questi dati. La lettura e la conseguente presa di coscienza di tale utilizzo di un dato termine potrebbe, perché no, indurre una comunità a rivedere un determinato tipo di comportamento. Tutto ciò è quanto meno auspicabile.

L'indicizzazione delle foto segnaletiche dei cittadini rumeni tramite la ricerca su Google della sola parola rumeno, fa tornare alla mente nuovamente il discorso sul riconoscimento facciale delle texture dei volti. La schermata di ricerca immagini tramite termine su Google altro non è che una griglia di dati, un tabulato di immagini; queste immagini sono a loro volta altre griglie di dati più piccoli. Se si volesse ricercare il volto di un rumeno attraverso il metodo del riconoscimento facciale, basterà introdurre la tabella numerica di sequenza di dati che compone la texture del volto da individuare (ovvero la foto-segnaletica dell'individuo in questione), e far si che il calcolatore effettui le proprie ricerche, tramite comparazione, nei tabulati di Google relativi alla parola "rumeno". Effettuare la ricerca di un volto attraverso il riconoscimento facciale, inserendo nei parametri di ricerca anche la nazionalità, comporterebbe un guadagno in termini di tempo, poiché il calcolatore in questo modo avrebbe un range di dati da comparare minore. Il tabulato visivo che risulta dalla ricerca su Google Images della parola rumeno è già un potenziale archivio specifico dove poter ricercare tramite riconoscimento facciale un criminale rumeno.

Cesare Lombroso credeva in un mondo controllato dai numeri, in un mondo monitorato e dominato dall'oggettività numerica.

> *Per molti il progresso si riduce a certe macchine meravigliose come il telegrafo e il vapore. Per me, invece, il vero carattere che distingue la nostra dalle epoche antiche sta nel trionfo della cifra sulle opinioni vaghe, sui pregiudizi, sulle vane teorie*[60].

Molti si scagliano contro le sue teorie, alcuni promuovono anche l'idiota ipotesi di chiudere il museo a lui dedicato a Torino, ma il sogno di Lombroso è già presente da tempo nel nostro quotidiano.

In una delle opere più famose di Cesare Lombroso è presente, nel titolo, il termine "Atlante", e questo è un volume pieno zeppo di tabelle, grafici e mappe votate a sostenere le sue teorie fisiognomiche tramite la comparazione di dati, dati che spesso equivalgono a delle fotografie. Anche alcuni dei lavori più noti e riconosciuti come fondamentali sullo studio dell'immagine, realizzati da artisti e studiosi, si chiamano così: L'*Atlante* di Richter; L'*Atlante* di Aby Warburg; L'*Atlante* di Luigi Ghirri. E sono tutti volumi atti a comparare e incasellare una serie di dati... anche emotivi, sotto forma di fotografie.

La parola "Atlante", presente nei titoli di queste opere fa emergere (se mai ce ne fosse bisogno) lo stretto rapporto che insiste tra fotografia, cartografia e cronografia.

Vi ricordate di Marey, che vedeva il mezzo fotografico come solo uno degli strumenti necessari al cronografo come al fisiologo?

A questo punto, non risulta difficile nemmeno riscontrare analogie fra il meticoloso lavoro di Lombroso e il lavoro della grande maggioranza dei fotografi, o ancora... di chiunque utilizzi un

60. P. Bianucci, C. Cilli, G. Giacobini, G. Malerba e S. Montaldo (a cura di), Il Museo di Antropologia Criminale "Cesare Lombroso" dell'Università di Torino (guida alla visita), Op. cit., p.20

apparecchio fotografico per raccontare la propria vita, e di questi tempi potrebbe voler dire, della maggioranza della popolazione occidentale e occidentalizzata.

Mappiamo e digitalizziamo costantemente le nostre vite attraverso gli smartphone, le condividiamo tramite l'uso dei social network, e analizziamo le esistenze di amici, parenti, partner e sconosciuti attraverso i racconti in digitale che questi fanno delle proprie esistenze; racconti che equivalgono a una valanga di tabelle di dati.

Lo stesso esempio fatto sul layout di una pagina Google sulla ricerca di immagini, lo possiamo fare per i social network – pensiamo a Instagram – ovvero, alla radice, una griglia in cui vengono incasellate immagini composte a loro volta da griglie più piccole e più fitte, atte a contenere dati numerici.

Una continua e costante mappatura del circostante generata da tutti noi, non da qualche cartografo specializzato, ma da tutti in modo abbastanza inconsapevole. Attraverso la costante condivisione delle nostre esistenze contribuiamo ad allargare il numero di dati, di tabelle grafiche, di tavole matematiche, di mappe e in generale di informazioni sul circostante; non facciamo in realtà nient'altro che continuare il lavoro iniziato e svolto dagli utenti dei libri di cronologia e cronografia; Facebook stesso potrebbe essere una sorta di *Cronaca* di Eusebio contemporanea, o piuttosto la prosecuzione contemporanea delle caselle lasciate appositamente vuote nella *Cronaca*. Siamo tutti dei cartografi e dei cronografi, inconsapevoli o meno.

Qualche giorno fa ero in una grande libreria. Chiedo al commesso di turno dove fosse ubicata la sezione Geografia, il che già di per se risulta una domanda paradossale: *Dove sta la geografia?* La risposta è stata: *Non c'è una sezione geografia*, c'è la sezione viaggi e turismo ma geografia no.

È probabile che non occorra una sezione apposita, in una grande libreria: la compilazione e la fruizione di quella che dovrebbe essere e che è stata la geografia ci coinvolge in ogni momento del nostro quotidiano – questo nostro quotidiano fatto di dati, e tabelle da compilare con quei dati – fino a divenire una sorta di sovrapposizione alla nostra realtà esistenziale. Una sovrapposizione che va sempre più facendosi identità.

Avrei voluto chiudere questo capitolo con una citazione completamente inventata, da attribuire arbitrariamente a un noto cartografo. Mi è sembrato però un gesto troppo fuorviante. Quindi vi racconto tutto: vi dico che la citazione è falsa, però la scrivo ugualmente – e del resto, chi potrà garantirmi con assoluta certezza che tutte le citazioni inserite fino a ora, tramite le ricerche svolte, siano incontrovertibilmente vere; ricordando anche le possibilità di aberrazioni interpretative che sempre incombono sui copisti?

Come sosteneva Paolo dal Pozzo Toscanelli (cartografo di Cristoforo Colombo): *Arriverà il giorno in cui tutti saremo dei cartografi del globo e in quel momento la sezione geografia scomparirà dalle biblioteche*[61].

Le odierne mappe di informazioni visive che chiamiamo fotografie, come abbiamo visto, sono immagini che potremmo associare ad altre immagini adiacenti, così da continuare la mappatura in un modo potenzialmente infinito o almeno inimmaginabile per un essere umano.Torna alla mente la tessitura e le proprietà del tessuto che, nella loro matrice, evidenziano la possibilità di unire vari pezzi di tessuto fra loro in un processo infinito. E questo è solo il lato bidimensionale della faccenda, perché nessuno vieta alla griglia cartesiana di cui sono composte le fotografie digitali di evolversi in senso tridimensionale.

A oggi la mappa più precisa del globo – fra quelle a disposizione dell'utilizzo civile – è un modello in tre dimensioni: Google Earth; anche se la sua mappatura tridimensionale non è ancora completa poiché ci sono diverse zone esclusivamente mappate in due dimensioni tramite Google Maps.

61. Nota inventata dall'autore

Il programma Google Earth esiste da diversi anni. Inizialmente, la mappatura era composta per ogni città esclusivamente da poligoni monocromi che nella mappa rappresentavano degli edifici. Pian piano, questi poligoni sono stati ricoperti da texture fotografiche e inoltre, seguendo la logica *in progress*, ogni utente ha potuto, e può tutt'ora, contribuire nel portare avanti questa mappatura inserendo dei propri dati; come si legge sulla relativa pagina italiana di Wikipedia:

> *Il programma non consente solamente di visualizzare le informazioni, ma consente anche al singolo utente di immettere delle informazioni aggiuntive che vengono visualizzate dal programma e che possono essere condivise con gli altri utilizzatori del programma sparsi per il pianeta. [...] alcuni utenti, hanno infatti creato degli edifici 3D e li hanno sovrapposti nei luoghi originali. [...] I poligoni grigi delle precedenti versioni sono stati coperti da texture atte a rendere più realistici i modelli 3D. Per aumentare il numero di edifici 3D, è stato messo a disposizione il "Modellatore edifici 3D" attraverso il quale è possibile creare modelli 3D con texture, posizionando gli enti geometrici sopra le immagini aeree dell'edificio scelto e salvarlo accedendo con il proprio account Gmail.*

Nel 2012, Google ha annunciato che, tramite la stereofotogrammetria (metodo di rilevamento planimetrico e altimetrico fondato sull'impiego di opportune coppie di fotogrammi relativi a una stessa zona del terreno da rilevare), gli edifici tridimensionali saranno generati automaticamente da un software. Attraverso l'utilizzo di immagini fotografiche scattate da punti di vista differenti si possono generare modelli in tre dimensioni. Queste immagini fotografiche scattate da punti di vista differenti, utili alla realizzazione di modelli 3D di determinati spazi, Google potrebbe ritrovarle direttamente in Rete. Grazie ai dati forniti dagli utenti, grazie alle nostre fotografie, la compilazione delle tabelle di cui si serve Google Earth risulterà – per il sistema stesso – più veloce. Insomma un po' come se tutti noi lavorassimo al servizio del lavoro di mappatura di Google Earth.

Una mappa, o meglio un modello tridimensionale dell'intero globo realizzato all'interno dello spazio virtuale; un modello che è andato ad affiancarsi a Street-View e alle tavole di Google Maps.

Photosynth è un software che usa le modalità della condivisione di dati (immagini digitali) di uno stesso luogo per creare nuove visualizzazioni nate dalla combinazione di questi dati, così nel 2009 ne parlava Fred Ritchin:

> *[...] Microsoft sta elaborando un programma che potrebbe "rendere le vostre foto più intelligenti". É un'applicazione che sfrutta i miliardi di fotografie che si trovano già online nei siti generati dagli utenti. Photosynth processa una fotografia, identificando "un profilo simile al DNA che descrive le caratteristiche che sono riconosciute nell'immagine". Poi confronta questo "DNA dell'immagine" con altre foto che hanno caratteristiche simili. Così, per esempio, se una persona non sa cosa sta fotografando, si potrebbe usare il programma per prelevare informazioni da altre immagini online che raffigurano la stessa situazione e aggiungerle alla prima foto. L'idea molto più intrigante è che Photosynth potrebbe combinare tutte queste centinaia o migliaia di immagini di una scena specifica, trovate online (il demo che ho visto io era della cattedrale di Notre-Dame a Parigi, con foto prese da Flickr), sovrapponendole a seconda dei diversi punti di vista delle fotocamere e degli obiettivi utilizzati, fondendo immagini di macchine usa e getta, di sofisticate Slr, e di qualsiasi altro dispositivo presente. Ciò consentirebbe all'utente di navigare in questa nuova meta-immagine tridimensionale sullo schermo del computer, zoomando, esaminando dettagli, come in un dipinto qualsiasi, o qualsiasi persona od oggetto sia stato fotografato. Man mano che su internet vengono caricate sempre più foto della stessa scena, Photosynth le aggiunge a questo fotomontaggio tridimensionale, così l'immagine sarà in continua evoluzione*[62].

62. Ritchin Fred, *Dopo la fotografia*, Op. cit., p. 134-135

Ritornando alle mappe online, gli utenti continuano – in un processo simile a quello appena enunciato da Ritchin – a inserire dati e fotografie (collocate all'interno dello spazio virtuale in parallelo a dove è stata scattata l'immagine nello spazio fisico). Come nel caso della notifica arrivata sul mio smartphone rispetto al bar di Bari. Svariati altri tipi di informazioni possono essere inserite direttamente dagli utenti. Con ogni probabilità, le nostre prossime macchine fotografiche saranno dotate dell'opzione stereofotogrammetria: ci indicheranno in che modo effettuare gli scatti, così da poter generare dei modelli 3D del luogo in cui ci troviamo e che abbiamo fotografato, grazie ai software che saranno presenti direttamente all'interno delle fotocamere.

Credo che in un futuro, per ricordare compleanni, matrimoni, primi baci e quant'altro, ci scatteremo al posto di semplici foto dei foto-modelli tridimensionali. Ogni ricordo equivarrà a un modello tridimensionale texturizzato fotograficamente della scena scattata. Non so bene in che modo, ma la sensazione è questa.

Secondo le parole del cartografo Stefano Giuliani Google Earth non è un mappamondo, *è un romanzo*, l'ennesimo romanzo che narra della Terra. Ma chi mai potrà leggerlo in toto questo romanzo? Noi come esseri umani possiamo leggerne solo delle pagine, una quantità infinitesimale, rispetto a tutte le pagine e le parole di cui questo è composto. Un romanzo scritto da un computer che può essere letto, in modo completo, solo da un altro computer.

Ricordate le parole di Alan Turing (nel film del 2014 *The Imitation Game*) rispetto alla possibilità di far decifrare dal lavoro di alcuni uomini, la macchina "Enigma" che produceva e diffondeva i messaggi in codice tedeschi?

> *C'erano 159 milioni di milioni di possibili impostazioni di* Enigma. *Non dovevamo fare altro che provarle tutte. Ma se avessimo avuto dieci uomini a controllare una impostazione al minuto, per ventiquattr'ore al giorno e sette giorni la settimana, provi a indovinare quanti giorni ci sarebbero voluti per controllarle tutte? Glielo dico io.*

Non giorni. Anni. Venti milioni di anni. Per impedire un attacco imminente avremmo dovuto effettuare controlli che richiedevano venti milioni di anni... in venti minuti. Enigma è *una... È una macchina molto ben progettata. Il problema è che noi usiamo le persone per decifrarlo. E se invece solo una macchina potesse battere un'altra macchina?*[63]

Per leggere tutto il romanzo Google Earth dovremmo vivere venti milioni di anni o forse... Questo romanzo non è stato scritto per noi.

. . . Epilogo . . .

Umberto Eco fa un esempio su come una lista di oggetti possa diventare altro, o meglio sul come da una lista possa nascere una forma. Nel caso specifico, gli oggetti di cui parla sono frutta, verdura e fiori, perché si riferisce ai dipinti dell'Arcimboldo. A come queste pitture prendano forma da una lista messa in un ordine arbitrario (quindi non in una griglia pre-ordinata), cioè secondo l'ordine e la fantasia determinate dal pittore milanese[64]. L'ordine in cui si organizza una lista può aiutarci a generare delle forme. Se quest'ordine proviamo a organizzarlo arbitrariamente e in modo empirico (anche se date le modalità di azione del nostro intelletto quest'operazione potrebbe risultare un aborto in partenza) potremmo comunque rischiare di intraprendere qualche diramazione originale, qualche vicolo cieco non schiavo di griglie prestabilite. Già questo non è poco.

Attraverso una lista di nozioni ho dato forma alla mia idea sul cosa sia una fotografia digitale, sul quali siano stati i momenti propedeutici alla nascita di questa forma di immagine, e a come questa forma di rappresentazione, insieme a quelle che l'hanno preceduta (e che le seguiranno), abbiano costantemente influito sul flusso del reale.

63. *The Imitation Game*, Morten Tyldum, 2014

64. Eco Umberto, *Vertigine della Lista*, Bompiani, Milano 2009, p. 131

Ho iniziato questo breve saggio parlando del mio vissuto personale e di un cartografo che afferma che una mappa non è altro che un grande romanzo. Io stesso ho affermato che anche un saggio non è altro che un romanzo. Mi basta, per ora, aver attraversato delle tematiche affascinanti e averne tratto delle riflessioni che chiunque potrà smentire o approfondire. L'unica conclusione possibile per quanto mi riguarda è che oggi è il 13 agosto, una giornata da trentasei gradi, e sono consapevole che dopo avere premuto l'ultimo tasto del carattere da inserire in questa trama, un punto fra poche parole, andrò al mare; una volta in acqua, spero di non incappare in una rete da pesca a maglie strette che qualche anziano pescatore avrà voluto posizionare proprio lì, per catturarmi.

non telefonare
vieni!
quando telefoni
la tua voce
viene scomposta
in mille pezzi
in mille segnali
elettromagnetici
divisi e diversi

E
IO
NON
VOGLIO
CHE
SUCCEDA
QUESTO
ALLA
TUA
VOCE

Glauco Brambilla

Pointillisme numérique

La storia ci insegna delle cose. E anche la storia dell'arte ce ne insegna talune che probabilmente potrebbero essere applicate al futuro racconto degli anni che stiamo vivendo. "...Guardando al futuro si vede il presente, guardando al passato si vede il futuro". Se, come sappiamo, impressionismo, pointillisme, macchiaioli e divisionismo ma anche futuristi (fra gli altri), sono tutti movimenti artistici nati autonomamente e in luoghi diversi d'Europa – in seguito alla rivoluzione industriale e di conseguenza sorti anche in seguito alla nascita della fotografia analogica. Sono questi, movimenti artistici che sembrano seguire in senso pittorico le leggi chimiche della pellicola fotografica nella formazione dell'immagine – che ricordiamo essere anche le leggi con cui si forma l'immagine all'interno degli antichi mosaici dei più svariati luoghi della terra. (gli antichi mosaici non si servivano del medium della griglia, bensì i tasselli venivano assemblati seguendo le 'regole' dettate dalle forme presenti nella rappresentazione riprodotta).

Se, come sappiamo, l'astrattismo geometrico nasce anch'esso in seguito alla rivoluzione industriale, in seguito al cubismo, di cui ne è – in qualche modo – evoluzione nell'approdo a rappresentazioni di pure linee e forme geometriche. Per esporre questa teoria mi sono più volte servito di due dipinti di Johannes Itten, uno si intitola *Dorf im Winter* e l'altro *L'inverno*, parte della rappresentazione schematica delle quattro stagioni rappresentate da Itten.

Osservando questi due dipinti si scorge una sorta di genealogia della scomposizione, che dallo stile cubista giunge all'astrattismo del Bauhaus in maniera fin troppo chiara. Troppo chiara perché qui in realtà il dipinto astratto è precedente (1963) all'acquerello 'cubista' (1965), anche se quest'ultimo ci rimanda alle forme tracciate da Braque per rappresentare alcuni agglomerati di case ritratti nei sui primi dipinti 'pre'-cubisti.

Trovo sia importante seguire le risposte che gli uomini hanno realizzato a mano, e in prima persona, alle evoluzioni tecnologiche che hanno vissuto. Il modo in cui hanno dipinto e rappresentato il mondo rispetto all'epoca tecnologica in cui hanno vissuto.

Trovo importante il pointillisme e i macchiaioli perché ci aiutano a comprendere – a tutt'oggi e al meglio – cosa sia una fotografia analogica. Immaginiamoceli nel loro lavorio i pontillisti: intenti a 'posizionare' – una per una – le macchie di colore sulla tela – come fossero macchioline parte della grana della pellicola. Un'operazione quasi totalmente meccanica e sicuramente assolutamente ripetitiva.

Allo stesso modo provo interesse per la scomposizione in pittura o comunque realizzata a mano da quegli autori che oggi si stanno interessando ad applicare le tecniche digitali di scomposizione dell'immagine al proprio operato manuale, nelle matrici delle rappresentazioni, andando a utilizzare il corpo umano per ricreare quelle sempre più automatizzate modalità di frammentazione delle immagini frutto del mondo digitale. Proprio come i pointillisti utilizzavano il pennello quasi meccanicamente, penso ad alcuni certosini dipinti di Seurat, punto per punto, per andare a comporre l'immagine finale.

Così diversi autori, oggi, quadretto per quadretto – vanno a comporre delle immagini a mano – seguendo però i diktat del mondo digitale-numerico. Ricalcando, a mano, tecniche e metodologie delle macchine digitali per comprenderle e farcele comprendere.

Provare a interpretare a mano le modalità meccaniche (digitali) della formazione dell'immagine numerica, provare a interpretare – da umani – schemi e tipologie di movimenti delle macchine, sono atti di matrice performativa prima ancora che pittorici ed in questo frangente che si può addirittura azzardare quindi – come esempio – anche che pointillisme impressionismo e macchiaioli prima ancora che pratiche pittoriche fossero pratiche performative (alla stregua della pittura di Jackson Pollock – anche se performative in senso inverso). Performance ripetitive in cui il corpo umano si iniziava già a 'piegare' alle modalità rappresentative chimico/meccaniche, così da inseguire manualmente queste metodologie di formazione delle immagini.

Nel 2017 Clare Strand al Centre Photographique D'Ille de France realizza una personale: *The Discrete Channel with Noise* composta da diversi dipinti, realizzati andando a replicare su grandi superfici pittoriche la griglia di quadretti (ben più piccola) che componeva l'immagine originaria ritratta. Scomponendo precedentemente l'immagine da cui è partita per ogni singolo dipinto e a cui applicava i metodi della scomposizione in unità discrete registrate in base alla propria luminosità: regola che sta alla base della tecnologia fotografica digitale.

Andando dunque a catalogare i quadratini di cui è scomposta l'immagine: e a catalogarli assegnando a ognuno un determinato numero – corrispondente a una scala cromatica per livelli di grigio: così come opera la frammentazione digitale delle immagini (i pixel).

Una metodologia di azione che ricorda anche i barattoli di colore classificati numericamente da Gerhard Richter e utilizzati per realizzare le sue note e grandi opere composte da migliaia di quadrati colorati.

Il luogo dove è stata realizzata l'esposizione il "Centre Photographique D'Ille de France" conferma un'attenzione secolare dei francesi alla fotografia come linguaggio analizzato spesso attraverso ragionamenti meta-linguistici. Allo studio delle matrici del mezzo fotografico come fossero degli alfabeti da cui apprendere metodo. Al contrario della nostra italietta, dove l'anno scorso dopo aver presentato un mio lavoro 'sulla fotografia' a un premio fotografico, mi son sentito rispondere dal curatore del premio: "... scusaci Fabrizio ma noi la tua opera non la possiamo premiare pur consapevoli che sia estremamente interessante, perché comunque – 'non si tratta di fotografia'". Fortunatamente poco dopo l'opera in questione trovò collocazione in una mostra al MACRO di Roma.

Ho già spiegato l'operazione realizzata su questo lavoro:

> *[...] una trasposizione numerica fatta a mano del codice colore di ogni singolo pixel di una foto - tessera scaricata da internet. Un modus operandi che rimanda più al comportamento di una macchina che a quello di un essere umano. I singoli codici dei colori dei singoli pixel sono stati riportati – quadretto per quadretto – su di un comune foglio a quadretti. A ogni quadretto, contenente un numero di 4 cifre scritto a mano, corrisponde il dato colore del rispettivo pixel appartenente alla foto-tessera scaricata. Realizzare questa operazione a mano, anche se si tratta di un immagine molto piccola (59 per 65 pixel): significa controllare singolarmente a quale numero di decodifica (o codifica che dir si voglia) corrisponde ogni pixel, e – dopo di che – riportare il dato verificato su di un foglio a quadretti, quadretto per quadretto. Questa sequenza di operazioni ripetuta – in questo caso – per 3835 volte. Nonostante l'operazione di decodifica dei pixel colorati in numeri, si riesce comunque a intravedere un viso – il volto della fototessera dell'immagine digitale scaricata – nella tabella che viene fuori da questo processo di operazioni. Questo perché il codice numerico scritto a penna su ogni singolo quadretto è comunque un segno visivo; se a un colore corrisponde un segno e a un altro colore un altro segno (con relative intensità luminose differenti), per corrispondenze nella formazione della tabella (immagine), riusciremo a intravedere il volto della fotografia nonostante la decodifica. Scriviamo una tabella a griglia di dati numerici, ma riusciamo comunque a leggerne un'immagine.*

Servendomi di tali metodologie sono riuscito a realizzare anche diversi seminari all'Accademia di Belle Arti di Brera, dove ho rifatto fare la medesima operazione agli studenti di fotografia, i quali hanno ricopiato a mano secondo queste modalità la propria foto tessera.

Ad osservare il modo in cui i miei studenti hanno compilato il foglio a quadretti contenente tutti i numeri relativi ai codici colore dei colori dei singoli pixel che componevano la propria foto tessera, si denota che: il tratto che possiedono, i differenti tratti con cui hanno scritto i numeri dei codici colori, fanno si che anche l'immagine finale che riemerge, emerge attraverso modalità differenti.

Come se: scrivere i numeri attraverso le proprie differenti grafie, equivalga alle differenze che sussistevano fra i vari pittori impressionisti o fra i vari macchiaioli: i quali pur adottando delle metodologie di pittura simili (tutti divisionisti 'meccanici') componevano dei dipinti molto diversi gli uni dagli altri a causa del differente modo in cui spennellavano/puntinavano le singole pennellate. Allo stesso modo tale 'spennellamento' numerico pare equivalere alla diversa tipologia di grafia con la quale gli studenti scrivono dei numeri all'interno di un quadretto di un comune foglio a quadretti.

Un lavoro da stacanovista, ripetitivo e parcellizzato al fine della 'produzione'.

Così come il Gian Maria Volontè de *La classe operaia va in paradiso* così come anche i fantasmagorici ritratti iperrealisti di Chuck Close in cui il maestro mette appunto nell'arco di un'esistenza una metodologia d'azione 'ultra-pointillista' in cui – campitura dopo campitura di colore – regolate da una griglia di riferimento, ritrae i più svariati personaggi.

A guardarne il dettaglio, di queste opere, a guardarne delle piccole parti ingrandite con delle lenti macro, dalle opere divisioniste pointilliste fino a Close, si scorge un'evoluzione lineare nel sempre più 'logico' posizionamento cartesiano dei punti di colore. Che, a voler continuare a insinuare il dubbio... segue l'evoluzione del posizionamento del punto di colore, dalla pellicola analogica al sensore digitale.

Senza dimenticare che colui considerato come l'inventore dell'immagine digitale, della fotografia digitale: Ken Knowlton, è un ingegnere elettronico, ma anche un'artista, il quale ricordiamo essere stato colui che per primo riuscì a scomporre un'immagine continua in una serie di unità discrete differenziate per il loro livello di luminosità.

Ma questa teoria è stata successivamente applicata da Knowlton, come già accennato, anche a una serie di opere realizzate con i più svariati materiali (dalle conchiglie ai segni grafici del mondo digitale appunto), catalogati attraverso il livello di potenziale luminosità di ognuno, se contestualizzato in una griglia di riferimento.

Così come i ritratti di Nathalie Boutté vengono composti grazie alla catalogazione di frammenti di quotidiani, incasellati secondo l'intensità luminosa derivata dalla quantità di inchiostro versato su ogni singolo frammento e che dipende da quanto e da che tipo di testo vi è su ognuno presente.

Ma voglio qui aprire il varco anche alle sperimentazioni che attraverso lo studio e la conoscenza del medium della griglia mettono in un 'disordine ordinato' le immagini su cui operano. Kensuke Koike attraverso la reale frammentazione ordinata in quadratini delle sue immagini, va poi a ricomporle stravolgendone l'ordine dettato dall'iconografia per creare così delle 'immagini sbagliate' che, pur provando a ribellarsi al medium della griglia, ne rimangono intrappolate come i puzzle sbagliati dell'artista Kent Rogowski.

Qualcuno diceva "Non si scappa alla macchina, alla catena di montaggio" e lo diceva in francese così da citare chi prima di lui... "Ieri, oggi e domani". Pare che (oggi) non si scappi alla griglia. Pure. Come quando con l'avvento dell'epoca industriale e poi di conseguenza fotografica, l'eco della parcellizzazione di fabbrica si inserisce – con modalità sempre più massive – anche nei linguaggi pittorici, andando a 'intaccarli' nella matrice, nella metodologia del dipingere (anche se l'ombra della tecnica a tessere del mosaico antico o le varie metodologie di Dürer – per fare solo degli esempi – rendono fallace questa teoria), oggi la griglia alla base dei media digitali diviene parte dei ragionamenti 'pittorici' e manuali di taluni interpreti del contemporaneo.

Bibliografia

Agamben Giorgio, *Che cos'è un dispositivo*, Nottetempo 2006

Balloni S., Maffioli M., Marchioni N. (a cura di), *I macchiaioli e la fotografia*, Alinari, Firenze 2008

Barilli Renato, *Bergson. Il filosofo del software*, Raffaello Cortina, Milano 2005

Bellomo F. (a cura di), *Le persone sono più vere se rappresentate*, Postmedia Books, Milano 2014

P. Bianucci, C. Cilli, G. Giacobini, G. Malerba e S. Montaldo (a cura di), *Il Museo di Antropologia Criminale "Cesare Lombroso" dell'Università di Torino* (guida alla visita), Edizioni Libreria Cortina Torino, Torino 2011

Canfora Luciano, *Il copista come autore*, Sellerio, Palermo 2002

Cantile Andrea, Lazzi Giovanna, Rombai Leonardo, *Rappresentare e misurare il mondo: da Vespucci alla modernità*, Polistampa, Firenze 2004

Cartesio, *Opere filosofiche 1 [Regulae ad directionem ingenii 1627-1630]*, Laterza, Bari 2009 (1986)

Casadei T. e Mattarelli S. (a cura di), *Il senso della Repubblica. Schiavitù: Schiavitù*, Franco Angeli, Milano 2009

Cipolla Carlo Maria, *Le macchine del tempo. L'orologio e la società 1300-1700 [1978]*, Il Mulino, Bologna 2001

Costa Mario, *La disumanizzazione tecnologica*, Costa e Nolan, Genova 2007

Costa Mario, *Ontologia dei media*, Postmedia Books, Milano 2012

Costantini M. C. e Silvestri I. (a cura di), *Il Filo della Storia. Tessuti antichi in Emilia Romagna*, CLUEB, Bologna 2005

Cubbit Sean, *The Practice of Light. A Genealogy of Visual Technologies from Prints to Pixels*, The Mit Press, Cambridge (Mass.) – London 2014

Debord Guy, *La società dello spettacolo* [1967], Baldini Castoldi Dalai, Milano 2004

Dürer Albrecht, *Underweysung der Messung mit dem Zirkel und Richtscheiyt, in Linien, Ebenen, und ganzen Corporen*, H. Formschneyder [1525], Nüremberg 1538; Biblioteca Nazionale di Firenze

Eco Umberto, *Vertigine della Lista*, Bompiani, Milano 2009

Farinelli Franco, *Geografia. Un'introduzione ai modelli dell'uomo*, Einaudi, Torino 2003

Gilardi Ando, *Wanted!*, Bruno Mondadori, Milano 2010

Giusti Sergio, *Il gesto e la traccia*, Postmedia Books, Milano 2015

Grafton Antony, Rosenberg Daniel, *Cartografie del Tempo* [2010], Einaudi, Torino 2012

Henin Silvio, *Il computer dimenticato. Charles Babbage, Ada Lovelace e la ricerca della macchina perfetta*, Hoepli, Milano 2015

Luigi Luca Cavalli-Sforza, Paolo Menozzi e Alberto Piazza, *The History and Geography of Human Genes*, Princeton University Press, Princeton 1994

McLuhan Marshall, *Gli strumenti del comunicare* [1964], Il Saggiatore, Milano 1967

Panaro Luca, *Casualità e controllo*, Postmedia Books, Milano 2014

Piccini Claudio, *Opus Incerta*, Lampi di Stampa, Milano 2007

Pinotti A. e Somaini A., *Cultura Visuale. Immagini sguardi media dispositivi*, Einaudi, Torino 2016

Polovina Ylli, *Rai & Albania. Una grande presenza nella storia di un popolo*, Rai-Eri, Roma 2002

Richter Gerhard, *Gerhard Richter 4900 Colours*, Serpentine Gallery, Hatje Cantz, Ostfildern 2008

Richter Gerhard, *La pratica quotidiana della pittura*, Postmedia Books, Milano 2003

Ritchin Fred, *Dopo la fotografia* [2009], Einaudi, Torino 2012

Schopenhauer Arthur, *La vista e i colori: carteggio con Goethe* [1816], Abscondita, Milano 2002

Sobel Dava, *Longitudine*, BUR Rizzoli, Milano 1999

Vaccari Franco, *Fotografia e inconscio tecnologico* [1979], Einaudi, Torino 2011

Fabrizio Bellomo (Bari, 1982), artista e regista. Porta avanti la sua ricerca in modo ibrido e multidisciplinare. I suoi lavori sono stati presentati in Italia e all'estero, in mostre personali e collettive – attraverso progetti d'arte pubblica, festival cinematografici e presentazioni. Fra cui: "Arcipelago Italia. Progetti per il futuro dei territori interni del Paese" – Padiglione Italia alla 16. Mostra Internazionale di Architettura della Biennale di Venezia, "plat(t) form 2015" – Fotomuseum Winterthur, "МЕХАНИЦИЗАМ" – KCB Kulturni Centar Beograda, "Talent Prize 2017" – MACRO Museo d'Arte Contemporanea di Roma, "Teatri i Gjelberimit" – Galeria Fab Tirana, "ArtAround" – MuFoCo Museo di Fotografia Contemporanea, "REcall – European Conflict Archaeological Landscape Reappropriation" – Nordic Embassies in Berlin.

Nel 2014 termina la regia del suo primo film: "L'albero di trasmissione". Ha partecipato, fra gli altri, al "55° Festival dei Popoli di Firenze", al "34e Cinemed – festival international du cinéma méditerranéen de Montpellier" e al "16° Tirana International Film Festival".

Fabrizio Bellomo è attivo anche come reporter per vari quotidiani e riviste, non di raro si trovano suoi interventi su riviste quali *Artribune, Exibart, Il Fotografo, Zero, Elle Decor* e quotidiani come *La Repubblica* (Redazione di Bari) e *IL Sole 24 Ore* magazine.

Ha pubblicato vari volumi fra cui l'ultimo "Meridiani, paralleli e pixel. La griglia come medium ricorrente" per Postmedia Books nel 2017. Il suo lavoro è stato inserito in diversi saggi internazionali come "The Body of Solidarity: Heritage, Memory, and Materiality in Post-Industrial Italy" in Comparative Studies in Society and History, Cambridge University Press – Cambridge 2017 e "Luogo e identità nella fotografia italiana contemporanea", Einaudi, Torino 2013.

Meridiani, paralleli e pixel

La griglia come medium ricorrente

di Fabrizio Bellomo

postmedia books 2017
100 pp.
isbn 9788874901869

seconda edizione 2020

Postmedia Srl
Milano
www.postmediabooks.it

www.ingramcontent.com/pod-product-compliance
Ingram Content Group UK Ltd.
Pitfield, Milton Keynes, MK11 3LW, UK
UKHW021651190726
13853UKWH00001B/186